Ruth Junker

Gedichte über Menschen der Bibel

© 2014 Ruth Junker

Autor: Ruth Junker

Korrektorat: Ursula Mettler

Verlag: tredition GmbH, Hamburg
ISBN: 978-3-7323-1066-1 (Paperback)
        978-3-7323-1067-8 (Hardcover)
        978-3-7323-1068-5 (e-Book)
Printed in Germany

Inhaltsverzeichnis

Abraham

Glauben und Vertrauen, das kannte man von dir,
auch wir möchten, dass man solchen Glauben bei uns findet hier.
Wenn man bedenkt, du gingst aus deinem Heimatland fort,
und das nur, weil du glaubtest an Gottes Wort.
Gehorsam warst du, gingst ohne zu wissen wohin,
nahmst deinen ganzen Clan mit- sie sollten mit dir ziehn.
Auch dein Neffe Lot war mit dabei,
mit ihm erlebtest du auch so mancherlei.
Deine Frau Sarah, sie war schön von Angesicht,
doch leider hatte sie noch kein Kind- ihr fast das Herze bricht.
Eure Reise dauerte lange- ihr wart mal hier und mal dort,
aber immer an einem anderen Ort.
Was musstet ihr alles überstehn,
wurdet von einem fremden König gesehn.
Aus Angst vor dem König, wer hätte das gedacht,
hast du deine Frau kurz zu deiner Schwester gemacht.
Den König bestrafte Gott mit Krankheit, weil er Sarah zu seiner
Frau nahm.
Lieber Abraham, das hättest du besser nicht getan.
Deine Frau bekamst du wieder zurück,
ihr musstet über die Grenze ein ganzes Stück.
Langsam wurdet ihr alt, dachtet vielleicht schon ans Sterben,
aber ihr hattet immer noch keinen Erben.
Gott hatte doch versprochen, deine Nachkommen sollten so
 zahlreich sein wie die Sterne am Himmel.
Doch es war nichts zu sehen von solchem Gewimmel.
Weil kein Nachkomme war zu sehn,
schliefst du mit der Magd Hagar - so könnte es auch gehen.
Einen Sohn bekamt ihr - er war eine Pracht,
doch leider hat er euch später Ärger gemacht.
Sarah in hohem Alter bekam tatsächlich noch einen Sohn,
für alles Warten hattet ihr nun den Lohn.
Isaak, so habt ihr ihn genannt,
er war in eurer ganzen Sippe bekannt.
Aber die beiden Brüder verstanden sich nicht gut,
oftmals hatten sie Streit, es gab böses Blut.
So musste Hagar mit ihrem Sohn Ismael gehen,

ihr werdet sie vielleicht nie wieder sehen.
Euer Gott, er ließ sie nicht alleine,
half ihnen in der Wüste wieder auf die Beine.
Abraham, du warst ein sehr reicher Mann,
hättest bestimmt für deinen Herrn alles getan.
Dann sprach Gott zu dir, du sollst ihm dein Liebstes geben,
deinen Sohn solltest du opfern, ihm nehmen sein Leben.
Wie schwer war dir Abraham da ums Herz,
wir können mitfühlen deinen Schmerz!
Deinen Sohn und Erben solltest du geben her,
oh Gott, das ist doch viel zu schwer!
Abraham war gehorsam, Gott konnte es sehen,
auch wenn der Weg unsagbar schwer war, er würde ihn gehen.
Als er seinen Sohn auf dem Altar festband
und hielt das Messer schon in der Hand,
da sah Gott seinen großen Glauben,
nein, seinen Sohn würde er ihm nicht rauben!
Dankbar und erleichtert kehrte Abraham wieder zurück,
er durfte seinen Sohn behalten, o welch ein Glück!
Gott wollte Abrahams Gehorsam belohnen,
ihm wurden noch viele Nachkommen geboren.
So zahlreich wie die Sterne am Himmel und der Sand am Meer,
werden seine Nachkommen - darüber freute sich Abraham sehr!
Einen Glauben wie Abraham, den bräuchten auch wir,
dann würde es uns besser gehen auf Erden hier.

Adam und Eva

Adam, als erster Mensch durftest du im Paradiese leben,
Gott hatte dir so viel Schönes gegeben.
Es muss einfach wunderschön gewesen sein,
Gott ging bei dir aus und ein.
Du konntest mit ihm sprechen und ihn sehen
und auch ein Stück mit ihm gehen.
Paradiesische Zustände, das wünschen wir uns auch heut,
da wäre unser Herz sicherlich erfreut.
Doch leider wird es nie mehr so werden,
jedenfalls nicht bei uns auf Erden.
Im Paradies gab es alles was man sich denken konnte
und auch zu essen so viel man wollte.
Alle Tiere bei dir waren zwei und zwei,
da dachtest du dir was dabei.
Du wolltest auch nicht bleiben allein,
jemand sollte bei dir sein.
Gott, er kannte dein Verlangen,
er machte die Eva, du bliebst an ihr hangen.
Nun wart ihr zu zweit - es war wunderschön,
so könnte es immer weiter gehn.
Gott kam zu euch in den Garten, er musste euch etwas sagen,
von dem Baum der Erkenntnis solltet ihr nicht zu essen wagen.
Denn wenn ihr davon esst müsst ihr sterben,
und das wäre euer Verderben.
Ihr wart gehorsam, es hatte alles gut geklappt,
bis durch der Schlange List die Falle zuschnappt.
Als Eva durch den Garten lief,
da hörte sie die Schlange, die nach ihr rief.
Eine Schlange, wer hätte das gedacht,
redete zu Eva lieblich und sacht.
Hatte Gott gesagt, ihr dürft von den Bäumen nichts essen?
Ach Eva, das kannst du ganz schnell vergessen.
Wir dürfen von allen Bäumen essen, nur von diesem sollen wir die
Finger lassen.
Die Schlange zischte, ist das denn zu fassen.
Wenn ihr davon esst, werdet ihr so klug wie Gott sein und wissen
was gut und böse ist.

Das ist doch gut für euch, dass ihr das nur wisst.
Eva ließ sich von der Schlange verführen,
sie wollte die Frucht doch nur probieren.
Sie fasste die Frucht und biss hinein,
ach Eva warum lässt du das nicht sein?
Adam kam auch durch den Garten daher,
ihm gab sie die Frucht, er aß auch davon, das freute sie sehr.
Doch etwas ist nun mit ihnen geschehen,
sie waren nackt, das haben sie gesehen.
Da wollten sie sich nur noch schnell verstecken,
damit sie Gott nicht würde entdecken.
Aber Gott rief: "Adam, wo bist du?"
Da hatte Adam im Versteck keine Ruh.
Gott ruft auch uns, dich und mich,
wenn wir auf ihn hören, dann freut er sich.
Aus Scham traute sich Adam nicht zu Gott hin,
das war das Ende vom schönen Beginn.
Adam und Eva, warum habt ihr das nur getan?
Auch wir haben darunter zu leiden fortan.
Ihr habt die Sünde in die Welt gebracht,
weil ihr nicht auf Gottes Wort hattet acht.
Zur Strafe konntet ihr nicht mehr im Paradiese bleiben,
ihr musstet wegen eures Ungehorsams leiden.
Für euren Lebensunterhalt musstet ihr nun selber sorgen,
fragtet euch vielleicht manchmal, was essen wir morgen?
Mühe und Arbeit war nun euer Leben-
ein Paradies für euch wird es nie wieder geben.

Ananias und Saphira

Ananias und seine Frau sich zu den Christen zählten,
sie hatten Jesus als ihren Herrn, keinen anderen sie wählten.
Der Zusammenhalt unter den Christen war groß,
sie nutzten alles gemeinsam, ließen sich nicht los.
Sie hielten zusammen, nahmen sich einander an,
für uns wäre das auch gut, würde es öfters getan.
Verkaufte jemand etwas von seinem Besitz, konnte er das Geld
den Aposteln geben.
Sie gaben es an die Armen weiter- damit sie konnten besser
leben.
Ananias und seine Frau ein Grundstück verkauften,
sie behielten etwas von dem Geld, sie sich das erlaubten.
Sie dachten, keiner merkt es wenn wir nicht alles bringen,
mit dem Rest sie etwas für sich selber anfingen.
Eigentlich hatte keiner was von ihnen verlangt,
aber ihr Herz dabei doch etwas krankt.
Ananias brachte das Geld dem Petrus dar,
der merkte natürlich, dass es nicht alles war.
Etwas von dem Geld hast du unterschlagen,
da muss ich ein ernstes Wort dir sagen.
Warum wolltest du Gott betrügen?
In deinem Herzen tatest du lügen.
Wenn du nicht gerne etwas gibst, brauchst du nichts in den
Opferkasten legen,
nur was du gerne gibst wird auch zum Segen.
Als Ananias hörte, er hätte Gott betrogen,
brachen über ihn herein der Schuldgefühle Wogen.
Tot ist er dann umgefallen,
das Entsetzen stand im Gesicht bei allen.
Zum Begraben trugen ihn einige junge Männer hinaus,
für Ananias war sein Leben nun aus.
Saphira, die noch nicht wusste was geschehen,
wollte nun auch in die Gemeinde gehen.
War das alles Geld, das ihr bekommen hattet, so Petrus fragte,
mal sehen ob sie die Wahrheit sagte.
Doch Saphira antwortete, ja alles es war,
sie hatte gelogen, das war jetzt allen klar.

Wie konntet ihr nur Gottes Geist betrügen?
Und so unglaublich, auch noch lügen?
Saphira stürzte nun auch noch um,
wegen einer Lüge- das war ganz schön dumm.
Allen fuhr der Schreck in die Glieder,
hoffentlich erleben sie so etwas nie wieder.
Für uns wäre es auch besser, wir würden die Lüge meiden,
auch wenn wir nicht gleich tot umfallen oder anderes leiden.
Aber unser Gewissen uns doch anklagt,
hätten wir doch besser die Wahrheit gesagt.
Jesus hatte gesagt: "Ich bin der Weg, die Wahrheit und das Leben,
niemand kommt zum Vater, denn durch mich!"
Immer die Wahrheit zu sagen, das wäre schon gut,
doch manchmal braucht man dazu auch Mut.
Ohne Wahrheit kann man keinem mehr trauen,
deshalb lasst uns getrost auf Jesus schauen.

Bartimäus Markus 10, 46-52

Bartimäus, wenn ich daran denke was wir alles sehen
und du musstest blind durch das Leben gehen.
Da man für dich keine Arbeit fand,
musstest du sitzen am Straßenrand.
Deine Tage brachtest du mit Betteln zu,
bis du dich legen konntest zur Ruh.
Und das war jeden Tag das Gleiche,
sicher dachtest du, vielleicht kommen vorbei auch mal Reiche.
Wenn sie dir nur etwas geben,
du brauchtest ja alles um zu leben.
Manchmal hattest du sicher nicht viel zu essen,
weil man dich am Straßenrand hatte vergessen.
Wie immer warst du am Straßenrand,
doch du hörtest etwas, warst wie gebannt.
Viele Leute müssen da sein,
plötzlich warst du nicht mehr allein.
Auch hattest du viele Stimmen vernommen,
Jesus er sollte vorbei kommen.
Von Jesus hattest du schon gehört
und dass er sich an keinem Menschen stört.
Auch dass er heilen kann war dir bekannt,
deshalb hast du dich den Menschen zugewandt.
Mit lauter Stimme riefst du dann,
dass man dich weithin hören kann.
„Jesus du Sohn Davids, hab Erbarmen mit mir!"
Doch die Menschen sagten, halt den Mund, zu dir.
Aber du riefst noch viel lauter, dein Schreien ging durch Mark und Bein,
Die Leute sagten, lass das Schreien sein.
Aber Jesus sah dich und sagte: "Komm her zu mir!"
Bartimäus wurde geführt bis er stand vor dir.
Jesus fragte: "Warum hast du nach mir gerufen?"
Doch du brauchtest keine Antwort suchen.
„Herr, ich möchte sehen können", das hast du gesagt,
ich hätte das auch an deiner Stelle, hätte man mich gefragt.
Jesu Antwort war: "Geh! Dein Glaube hat dich geheilt!"
Du konntest sehen, bist Jesus nachgeeilt.

Wenn Jesus uns ruft, was antworten wir?
Wollen wir mit Jesus gehen jetzt und hier?
Der blinde Bartimäus, seine Chance war Jesus, er hatte nicht
aufgegeben mit Schreien.
Manchmal müssen wir unsere Not wie Bartimäus zu Jesus
schreien,
gebt nicht auf lasst es nicht sein.
Er wird dich hören ganz sicherlich,
und er weiß einen Weg auch für dich.

Bileam

Bileam war ein Magier aus dem Moabiterland,
er war sogar dem König bekannt.
Wenn man ihn brauchte wurde er gerufen,
man brauchte nicht lange nach ihm zu suchen.
Das Volk Israel zog schon lange umher,
sie wurden mächtiger, es wurden immer mehr.
König Balak hörte, dass sie im Kampf gegen die Amoriter Sieger
waren
und jetzt um sein Land sich scharen.
Er wollte nicht dass sie in sein Land kamen
und ihnen womöglich alles nahmen.
Deshalb schickte er vornehme Fürsten zu Bileam hin,
er sollte das Volk Israel verfluchen- das machte doch Sinn.
Bileam sagte zu den Männern, sie könnten über Nacht bleiben,
er würde mit Gott reden, der würde ihm schon sagen, was er
sollte treiben.
Und Gott sprach zu Bileam, du darfst nicht mit ihnen gehen,
das Volk ist gesegnet, du kannst es nicht verfluchen, das müssen
sie verstehen.
Aber König Balak als man ihm die Nachricht brachte,
er nicht lange darüber nachdachte.
Noch vornehmere Fürsten tat er zu Bileam schicken,
die könnten die Sache besser überblicken.
Wieder hatte Bileam sie über Nacht eingeladen,
er würde mit Gott reden, vielleicht wäre es ja nicht ihr Schaden.
Wenn König Balak mir auch noch so viel Schätze würde geben,
so könnte ich nur das tun was Gott sagt und würde nichts
nehmen.
Er sollte mit ihnen gehen, so hatte Gott gesagt,
deshalb Bileam mit ihnen den Weg wagt.
Aber reden könnte er nur was Gott wollte,
auch wenn es etwas anderes sein sollte.
Bileam sattelte seine Eselin dass er auf ihr ritt,
vielleicht waren sie jetzt ja auch zu dritt.
Plötzlich blieb die Eselin stehen,
sie wollte einfach nicht mehr weiter gehen.
Er schlug auf seine Eselin ein,

ach Bileam, musste das denn sein?
Einen Engel mit Schwert hatte die Eselin gesehen,
deshalb blieb sie schon wieder stehen.
Bileam schrie und schlug sie wieder,
ja, ganz viel Schläge prasselten auf sie nieder.
Weiter ging es, der Weg wurde jetzt ganz schmal,
Bileams Strecke führte da durch, er hatte keine andere Wahl.
Doch wieder lief die Eselin keinen Schritt mehr weiter
und Bileam schlug sie wieder er wurde nicht gescheiter.
Wie ein Märchen klingt es, es ist nicht zu fassen,
Gott hatte die Eselin sprechen lassen:
„Bileam, warum hast du mich so oft geschlagen?
Das wollte ich die ganze Zeit schon fragen!"
Doch Bileam voller Wut und Empörung, er hatte sich nicht mal
was dabei gedacht,
er hätte seine Eselin am liebsten umgebracht.
Nun öffnete der Herr Bileam die Augen, damit er konnte klar
erkennen,
den Engel mit Schwert, wenn er könnte, würde er sicher davon
rennen.
Vor dem Engel warf er sich zu Boden,
vielleicht dachte er, er gehöre jetzt bald zu den Toten.
Der Engel fragte: "Warum hast du deine Eselin dreimal
geschlagen?
Sie hat dein Leben beschützt das wollte ich dir sagen!"
Bileam sagte zu dem Engel:" Ich kehre wieder um wenn es dir
nicht gefällt,
gehe wieder heim in meine Welt.
Einverstanden war der Engel damit nicht,
er sollte weiter gehen und reden was er zu ihm spricht.
Balak voller Ungeduld auf ihn wartet,
er hoffte, dass er mit dem Fluchen gleich startet.
Auf eine Anhöhe sind sie gegangen,
dort könnte er mit dem Fluchen gleich anfangen.
Doch zuvor stellten sie sieben Altäre auf
und opferten sieben Stiere und sieben Schafböcke darauf.
Das hatten sie jedes mal so getan,
bevor Bileam mit dem Fluchen sollte fangen an.
Aber war das denn zu fassen was Bileam tat,

er segnete das Volk Israel auf seine Art.
König Balak dachte, was mach ich denn nun,
so etwas sollte Bileam doch nicht tun.
Vielleicht müssen wir auf einen höheren Berg hinauf,
dann hat es Bileam vielleicht besser drauf.
Bileam, er teilte wieder den Segen aus,
das war für den König echt ein Graus.
Noch einmal wollte er es mit Bileam probieren,
es musste doch klappen, er wollte es riskieren.
Voll Spannung der König auf Bileam schaute,
weil er Bileam nicht mehr ganz traute.
Im Stillen dachte er, jetzt wird er beginnen
und einen Fluch über seine Lippen bringen.
Doch Bileam redete was der Engel wollte,
auch wenn er für den König etwas anderes sagen sollte.
So wurde das Volk zum dritten mal gesegnet,
manchmal geht es so, wenn einem Gott begegnet.
Wie der König Balak können wir Gottes Pläne mit uns nicht verstehen,
er wünscht sich aber, dass wir trotzdem seine Wege gehen.
Auch wenn es uns schwer fällt uns darunter zu beugen,
vielleicht werden wir dadurch zu seinen Zeugen.
Eines ist sicher er wird immer mit uns gehen,
auch wenn wir nicht alles verstehen.

König Nebukadnezar war mit seinen Soldaten ins Land
gekommen,
sie hatten alles was sie brauchen konnten mitgenommen.
Daniel und seine Freunde mussten auch mit gehen,
in ein fremdes Land, was aus ihnen wird werden sie schon sehen.
Dann wurden sie ausgewählt, weil sie klug und weise waren,
sie sollten viel lernen- an Bildung würde man nicht sparen.
Drei Jahre Ausbildung, dann würde man sehen,
ob sie in des Königs Dienste könnten gehen.
Sie durften sogar von des Königs Speisen essen,
doch Daniel und seine Freunde konnten ihren Gott nicht
vergessen.
Nach ihren Geboten wollten sie leben,
man sollte ihnen etwas anderes zu essen geben.
Gemüse und Wasser wollten sie haben
und sich an den einfachen Dingen laben.
Der Hofbeamte hatte Angst, das kann man verstehen,
wenn sie abgemagert, was würde mit ihm dann geschehen?
Auf einen 10tägigen Versuch wollte er sich einlassen,
was in diesen Tagen geschah ist kaum zu fassen.
Sie blieben gesund, kräftig und frisch,
brauchten auch weiterhin nichts essen von des Königs Tisch.
Gott belohnt Treue bei seinen Leuten,
er schenkte ihnen Weisheit und Erkenntnis, ja Daniel konnte
sogar Träume deuten.
Wenn der König vor schwierigen Entscheidungen stand,
die Lösung er bei Daniel und seinen Freunden fand.
Eines Nachts hatte der König Nebukadnezar im Traum etwas
gesehen,
nun sollten seine klugen Leute es erraten, wie sollte das denn
gehen?
Setzt euch zusammen, erratet es schnell,
denn sonst müsst ihr sterben und das auf der Stell.
Der König, er war voll Zorn und Wut,
und was man dann tut ist selten gut.
Als Daniel vom Traum des Königs erfuhr,
hatte er keine Angst, nicht mal die Spur.

Er ging sofort zum König hinein,
wenn Gott ihm half konnte er Traumdeuter sein.
Und Gott ließ Daniel des Königs Traum träumen,
so konnte er die Ungewissheit ausräumen.
Ja, wer sich immer auf Gott verlässt,
den Gott auch manchmal das Richtige träumen lässt.
So rettete Daniel den anderen das Leben,
weil Gott ihm Weisheit dazu gegeben.
König Nebukadnezar wollte auf Gott nicht hören,
tote Götter tat er ehren.
Doch was dann geschah ist kaum zu fassen,
er wurde wie ein Tier, man musste ihn auf die Weide lassen.
Er fraß Gras wie ein Tier, das konnte keiner verstehen,
dass es dem König so schlecht würde gehen.
Wir Menschen von heute können das auch nicht begreifen,
aber der König würde bestimmt innerlich reifen.
So sollte es bleiben bis er es versteht
und wieder auf Gottes Wegen geht.
Als König Nebukadnezars Leben zu Ende war,
kam sein Sohn Belsazar an die Macht, das ist doch klar.
Aber statt dass er nach Gottes Willen fragt,
machte er was er will, damit ist alles gesagt.
Einmal gab er ein rauschendes Fest,
den Wein er in Strömen fließen lässt.
Im Rausch ließ er die wertvollen Gefäße,
die sein Vater aus dem Tempel geraubt hatte bringen,
sie tranken alle daraus, vielleicht taten sie ihren Göttern auch singen.
Plötzlich erschraken alle und sahen was geschah,
es standen Worte wie von Geisterhand an die Wand geschrieben da.
Der Schreck stand nun allen im Gesicht geschrieben,
aber die Schrift an der Wand, die ist geblieben.
Alle Klugen und Weisen wussten es wieder einmal nicht,
so wurde Daniel gerufen, man wollte hören was er dazu spricht.
Daniel, er konnte die Schrift lesen,
aber für den König ist es nicht gut gewesen.
Mene Tekel U-parsin stand da geschrieben.
(Daniel 5,24-28)

Mene – Die Tage deiner Herrschaft sind gezählt, Gott setzt ein Ende
Tekel - Gott hat dich gewogen und zu leicht befunden. Du kannst vor ihm nicht bestehen.
U – parsin - Dein Reich wird unter den Medern und Persern aufgeteilt.
Nun wurde Daniel der drittmächtigste Mann im Reich,
kein anderer war ihm an Weisheit gleich.
Doch noch in derselben Nacht
wurde der König Belsazar umgebracht.
König Darius fing nun an zu regieren,
was würde unter seiner Herrschaft alles passieren?
Weil er auf Daniels Rat hörte,
gab es nicht viel, was ihn störte.

Daniel war nun ein mächtiger Mann,
darum man ihn beneiden kann.
Aus Neid suchten die anderen Weisen etwas, um ihn zu verklagen,
doch sie fanden nichts, es gab nichts zu sagen.
Doch plötzlich fiel ihnen etwas ein,
wie Daniels Leben könnte bald zu Ende sein.
Sie umschmeichelten den König- wer hat das nicht gern,
wenn jemand etwas bräuchte, sollte er es erbitten nur von ihrem König und Herrn,
Das gefiel dem König, wer sollte es ihm verwehren,
so etwas würde ihn doch ganz bestimmt ehren.
Das Gesetz, es wurde auf den Weg gebracht,
jeder musste es erfüllen, so war es gedacht.
Bei Nichtbefolgen stand eine Strafe darauf,
die hungrigen Löwen würden ihn fressen auf.
Aber Daniel konnte sich dem Gesetz nicht beugen,
er würde alles von Gott erbitten und ihn nicht leugnen.
Das wurde ihm zum Verhängnis, es war richtig schlimm,
man brachte ihn vor den König hin.
König Darius fiel es schwer,
weil er seinen besten Mann musste geben her.
Was hatte er da nur getan,
es wurde ihm schwer - man sah es ihm an.

Doch auch der König ist an sein Gesetz gebunden,
sonst hätte er eine andere Lösung gefunden.
Daniel wurde geworfen in die Löwengrube hinein,
vor Angst konnte er sicher nicht mal schrein.
Doch ein Wunder ist da wohl geschehen,
man konnte es am nächsten Morgen sehen.
König Darius, er war nun Schuld an Daniels Tod,
das bereitete ihm unsagbare Not.
Ganz früh am Morgen rannte er zur Löwengrube hin-
„Mein Freund Daniel- lebst du noch da drin?!"
„Mein König, ein Engel hielt den Löwen den Rachen zu,
so hatte ich die ganze Nacht meine Ruh!"
Der König freute sich von Herzen sehr,
den Daniel würde er so schnell nicht mehr geben her.
Die falschen Männer, um sie ist es geschehen,
sie mussten zur Strafe in die Löwengrube gehen.
Da half ihnen nun kein Klagen und Schrein,
sie fanden alle den Tod, so musste es sein.
König Darius befahl seinem Volk, sie sollten sich an den Gott
Daniels halten,
wenn er regiert, lässt er seine Gnade walten.
Aus Daniels Leben haben wir viel erfahren:
Wenn man Gott die Treue hält, wird er mit seiner Hilfe nicht
sparen!
Ja, Gott hat Daniels Leben reich gesegnet,
das spürt man noch heute, wenn man ihm in der Bibel begegnet.

David 1. Samuel 16-19

David du bist sehr bekannt,
bei den Kleinen und Großen in manchem Land.
Du hast in deinem Leben viel erlebt,
mal sehen, was von dir in der Bibel steht.
Ein Schafhirte warst du für einige Zeit,
bis du an den Königshof musstest ganz weit.
Dein schönes Harfenspiel hat dich dahin getrieben,
man dachte, der König würde es lieben.
Wenn der böse Geist über den König kam, dann tobte er ganz
viel,
du solltest ihn beruhigen mit deinem Harfenspiel.
Oftmals ist es dir auch gelungen,
vielleicht hätte der König fast mitgesungen.
Nach Hause durftest du auch wieder gehen,
wenn man den König mit seiner Armee im Krieg würde sehen.
Dann konntest du die Schafe wieder beschützen,
deine Schleuder tat dir dabei viel nützen.
Eines Tages war der Prophet Samuel bei euch zu Haus,
er salbte dich zum König, goss das Öl über dir aus.
Kurze Zeit später solltest du deine Brüder in König Sauls
Kriegsheer besuchen,
damals konnte man noch keine Reise buchen.
Zu Fuß musstest du zurücklegen das ganze Stück,
dass du deine Brüder fandest, da hattest du Glück.
Von weitem hörtest du schon den Riesen Goliath schrein,
er verspottete den König, er wollte der Mächtigste sein.
Doch als du das hörtest erfasste dich die Wut,
du würdest gegen ihn kämpfen, dann würde alles gut.
König Saul dachte, das gibt es doch nicht,
David will gegen den Riesen kämpfen, das Leichtgewicht!
Eine Ritterrüstung zog man ihm an,
darin er sich nicht mal bewegen kann.
David, du gingst auf den Riesen zu,
dieser dachte, vor dem hab ich gleich meine Ruh.
Dieser kleine Zwerg, was will der denn schon,
der läuft doch sicher gleich davon.
Doch der kleine David, wer hätte das gedacht,

er hat den Riesen zur Strecke gebracht.
Mit deiner Steinschleuder trafst du den Riesen am Kopf,
da fiel der mächtige Riese um, der hochmütige Tropf.
David, du wurdest nun gefeiert ganz groß,
der König wurde dich nicht wieder los.
Des Königs Tochter Michal, die dich liebte, wurde deine Frau,
das war die Belohnung, ein jeder da schau.
Aber König Saul wollte dich nicht als Nachfolger haben,
du solltest dich nicht am Königshof laben.
So musste David sich vor Saul ganz oft verstecken,
deine Überlebensstrategie konntest du da wecken.
Saul wollte seinen Sohn Jonathan als Nachfolger sehen,
Jonathan war Davids Freund, er wollte, das sollte nicht
geschehen.

Als König Saul und Jonathan gestorben waren,
wurde David König, ließ das Volk um sich scharen.
David, du wolltest ein König nach dem Herzen Gottes sein,
dein Volk sollte Gott dienen- nur ihm allein.

David war ein mächtiger König, das wurde bekannt,
ja, überall im ganzen Land.
Aber einmal David, vielleicht kanntest du dich selbst nicht mehr,
da musste die Frau eines anderen, Batseba her.
Was du da mit ihrem Manne gemacht,
du ließest ihn fallen in der Schlacht.
Nachdem der Prophet Natan dir zeigte deine Schuld,
da batest du Gott zu haben mit dir Geduld.
Ja, du bereutest dein Vergehen,
das konnte Gott bei dir auch sehen.
Deinen ersten Sohn, den Batseba dir geschenkt,
nahm Gott weg, er dir durch schwere Stunden dein Leben lenkt.
Dann wurde euch wieder ein Sohn geboren,
er fand Gnade vor Gottes Ohren.
Salomo, so hattet ihr ihn genannt,
er würde später König in deinem Land.
Doch Absalom, auch ein Sohn von dir,
er wollte König werden hier.
Er war ein stattlicher Mann von Angesicht,

aber böse im Herzen, das glaubt man nicht.
König werden wollte er,
da mussten viele Helfer her.
Den Vater David wollte er um die Ecke bringen,
Absalom mit seinen Freunden das Regieren anfingen.
König David, du musstest dich schon wieder verstecken,
damit dein eigener Sohn dich konnte nicht entdecken.
Absalom, er saß nun schon auf deinem Thron.
Und er wollte dass es so bleibt, deshalb musstest du davon.
Vom Thron wollte Absalom nicht mehr weichen,
das konnte er nur durch deinen Tod erreichen.
Deshalb kam es zum Kampf, wer hätte das gedacht,
dein Sohn, er starb in dieser Schlacht.
Mit seinen Haaren blieb er an einem Baum hangen,
da konnte deine Armee in ganz leicht fangen.
Töten sollten sie deinen Sohn aber nicht,
aber einer tat es, er hatte eine andere Sicht.
Trauer und Schmerz zerbrach fast dein Herz,
bis Gott dir Ruhe schenkte in all deinem Schmerz.
Du durftest noch ein wenig weiter regieren,
und im Leben auch wieder jubilieren-
40 Jahre durftest du König sein,
und auch am Ende ließ Gott dich nicht allein.
Gott hat dein Leben so reich gemacht,
es auch zu einem guten Ende gebracht.
In der Bibel können wir so viel lesen von dir,
du warst ein Mensch mit Fehlern wie wir.
Doch du hast deine Schuld vor Gott gebracht,
hast immer wieder an ihn gedacht.
Deshalb können wir so viel lernen durch dich,
Schuld einzugestehen, um Vergebung zu bitten, darüber freut
Gott sich.

Der Finanzminister aus Äthiopien
Apostelgeschichte 8, 26-39

Der Finanzminister, der Königin Kandake, war als Pilger in
Jerusalem,
da hatte er viel erlebt und gesehn.
Ein hoher Würdenträger war er,
er wollte Gott anbeten, darauf freute er sich sehr.
Nachdem er alles erledigte was er sollte,
er sich auf den Heimweg machen wollte.
Zuvor hatte er noch eine Jesaja Rolle erworben,
da stand etwas von einem Schaf, das auf der Schlachtbank
gestorben.
Sein Weg führte eine einsame Straße entlang,
er dachte, ich jetzt mit dem Lesen anfang.
Laut las er da so vor sich hin,
er verstand aber nicht der Worte Sinn.
Gott wusste, dass er das nicht verstand,
deshalb er seinen Geist zu Philippus gesandt.
Der Geist sagte zu Philippus, „Geh und folge diesem Wagen,
denn dem Mann da drinnen musst du etwas sagen."
Philippus gehorchte und lief gleich los,
er erreichte den Wagen, doch was hörte er da bloß.
Worte aus Jesaja, von der Leidensgeschichte seines Herrn,
dem er doch folgte froh und gern.
Ob dieser Fremde die Worte auch verstand?
Deshalb er sich an ihn wandt.
„Hast du auch verstanden was du da gelesen?"
Vielleicht ist er noch nie da gewesen.
Der Fremde sagte: "Gelesen hab ich es, doch verstehen kann ich
es nicht,
redet der Prophet von sich selbst, was er da spricht?
Er bat Philippus bei ihm einzusteigen,
vielleicht tat er sich sogar vor ihm verneigen.
Philippus voll Freude, er durfte von seinem Herrn etwas sagen,
er hatte keine Scheu, er durfte alles wagen.
Er erklärte dem Fremden was er hatte gelesen,
und dass Jesus für uns auf der Erde gewesen.

Sein Leben hatte er für uns wie das Schaf auf der Schlachtbank
dahin gegeben,
damit wir ohne Schuld froh dürfen leben.
Das hatte das Herz des Finanzministers getroffen,
er wollte mit Jesus leben und auf ihn hoffen.
Taufen lassen wollte er sich auch noch gleich,
damit er gehöre zu Gottes Reich.
Wasser hatten sie ja auch gesehen,
dann könnte es mit der Taufe auch gehen.
Philippus sagte, „wenn du glaubst an Jesus den Herrn,
dann will ich dich taufen froh und gern."
Der Minister sagte: "Ich glaube, dass Jesus Christus Gottes Sohn
ist,
er es in seinem Leben bestimmt nicht vergisst."
Als Philippus die Taufe hatte beendet,
der Geist Gottes Philippus entwendet.
Er war einfach fort - der Minister wusste nicht wohin,
aber er konnte seine Straße fröhlich weiter ziehn.
Vom Finanzminister lesen wir, er zog fröhlich weiter,
Jesus war jetzt sein Begleiter.
Nun ist es an uns, ob wir es wie der hohe Würdenträger mit Jesus
wagen?
Er freut sich auf uns, wir dürfen ihm alles sagen.
Er zog seine Straße fröhlich- so lesen wir,
wenn du mit Jesus gehst, kannst du es sagen auch von dir.

Der Jüngling zu Nain   Lukas 7, 11-17

Jesus war mit seinen Freunden auf dem Weg nach Nain,
da kam ihnen ein Trauerzug entgegen, warum musste das sein?
Der einzige Sohn einer Witwe, er wurde ihr genommen,
wie sollte sie nur ohne ihn zurecht kommen?
Ihre Altersversorgung sollte zu Grabe getragen werden,
all ihre Hoffnung, es war vorbei damit auf Erden.
Vor Kummer und Leid konnte sie nur noch klagen,
wie es weiter geht, konnte ihr keiner sagen.
Als Jesus die Tränen der Witwe sah,
da hatte er Mitleid mit ihr, das war doch klar.
„Weine nicht", sagte er zu ihr,
doch ihr Herz war am zerbrechen schier.
Dann trat er näher an die Bahre heran,
damit er etwas sagen kann.
Jesus sagte zu dem Toten: "Ich befehle dir, stehe auf!"
Da nahm das Glück dann seinen Lauf.
Lebendig konnte Jesus den Sohn der Witwe wieder geben,
da hatte sie wieder Freude und Hoffnung im Leben.
Die Menschen priesen Gott und dachten ein Prophet wäre
gekommen,
er hätte die Sorgen und Nöte der Witwe weg genommen.
Was Jesus tat haben die Menschen damals gesehen,
manches siehst du auch heute, wenn du mit ihm würdest gehen.
Ab und zu erleben wir auch Wunder und Zeichen,
stehen staunend und können das gar nicht begreifen.
Aber danken dürfen wir dafür,
dass sich für uns immer wieder öffnet eine Tür.

Der Kranke am Teich Bethesda   Johannes 5

Krank sein, das ist schon schwer,
aber 38 Jahre, da denkt man sicher oft es geht nicht mehr.
Von diesem Kranken will ich berichten,
er lebte bei Jerusalem, da wurden auch erzählt so manche
Geschichten.
Vielleicht hatte er auch schon mal etwas von Jesus vernommen,
denn dieser Jesus sollte vorbei kommen.
Gekannt hatte er ihn sicher nicht,
denn sonst hätte er gewusst, wer später zu ihm spricht.
Jesus war unterwegs nach Jerusalem, da kam er beim Teich am
Schaftor vorbei,
da lagen viele Kranke, denen half nicht mal die beste Arznei.
Unter den Kranken lag auch ein Mann, der war schon 38 Jahre
krank,
gerne wäre er gesund, gäbe auch Gott seinen Dank.
An diesem Teich, es war schon wunderbar,
man wurde gesund, wenn das Wasser sich bewegte und man als
Erster im Wasser war.
Das gab ein Gedränge und Geschubse - jeder wollte als Erster
hinein.
Viele hatten schlechte Karten, weil sie waren allein.
Sicher tat der Kranke auch oft die Gesunden beneiden,
warum musste er da liegen und so viel leiden?
Die Gesundheit, ja die schätzt man oft nicht,
erst wenn einem wirklich etwas gebricht.
Als nun Jesus den Kranken sah und wusste wie lange er schon
krank gelegen,
da tat sich das Mitleid bei ihm regen.
Jesus fragte ihn, ob er gesund werden wollte,
was so eine Frage überhaupt sollte?
Dass er gesund werden wollte, das war doch klar,
besonders wenn man so lange krank gelegen war.
Der Kranke antwortete, "Herr, ich habe keinen Menschen,
wenn das Wasser sich bewegt, der mich in den Teich lasse
und wenn ich komme, so steigt ein anderer vor mir hinein."
Wenn wir das hören, geht es uns doch durch Mark und Bein.
Wie viele Menschen klagen uns auch heute an,

ist denn keiner, der helfen kann?
Ich habe keinen Menschen, das ist schon schwer zu ertragen,
doch viele Leute müssen das leider auch heute sagen.
Jesus sagte: "Nimm dein Bett und stehe auf!"
Er überlegte nicht lange, seine Beine trugen ihn- er war richtig gut
drauf.
Jesus hatte doch wirklich etwas Gutes getan,
doch weil es Sabbat war, kreideten die Juden das schon wieder
an.
So ist das auch heute in unserem Leben,
wenn jemand einem etwas anlasten will, wird es auch immer
etwas geben.
Doch wir sollten unsere Zeit nicht mit so was verschwenden,
sondern über unser Leben nachdenken und uns Jesus zuwenden.
In Vers 24 sagt Jesus- und das ist wunderbar,
darum muss ich es euch sagen, das ist doch klar.
„ Wer mein Wort hört und glaubt dem, der mich gesandt hat,
der hat das ewige Leben und kommt nicht in das Gericht."
Das ist doch schon echt super was er da verspricht.
Er schenkt uns ewiges Leben,
das ist doch das Beste- er will es uns geben.

Ewiges Leben- wer will das denn nicht?
Nur Einer der nicht glaubt, was Jesus spricht.
Ob du es glaubst oder nicht ,so wird es sein,
einmal wirst du stehen vor Jesus allein.
Wenn er dich dann kennt, dann hast du gewonnen,
ansonsten ist dein Leben bei ihm zerronnen.

Ein Prophet Gottes er war,
er machte was Gott von ihm verlangte, das war klar.
Wenn es auch war nicht immer leicht,
doch Gott hatte mit ihm sein Ziel erreicht.
Einmal davon will ich berichten,
da gab es ganz besondere Geschichten.
König Ahab und seine Frau Isebel vergaßen den lebendigen Gott,
sie dienten ihren Göttern, trieben allerlei Böses ihm zum Spott.
Doch Gott ließ sich seine Ehre nicht nehmen,
zur Strafe soll es keinen Regen mehr geben.
Elia musste es dem König sagen,
danach konnte er sich nicht mehr in seine Nähe wagen.
Gott sprach zu Elia, „du musst von hier fort,
verstecke dich am Bach Krit dort."
Dann regnete es tatsächlich Jahre nicht mehr,
der König war wütend, Elia muss wieder her.
Lange war Elia schon unterwegs,
aber Gott der Herr versorgte ihn stets.
Gott befahl den Raben Elia mit Nahrung zu versorgen,
und vom Wasser aus dem Bach konnte er trinken heute und morgen.
Morgens und abends brachten die Raben ihm Fleisch und Brot,
das hielt Elia gesund, machte seine Wangen rot.
Nach langer Zeit vertrocknete das Wasser im Bach,
er konnte nicht mehr bleiben sonst würde er ganz schwach.
Gott sorgt für seine Leute, das konnte man sehen,
Elia sollte nach Phönizien in die Stadt Zarpat gehen.
Eine Witwe, die selbst nichts hatte, in der Hungersnot,
die bat Elia um ein Stückchen Brot.
Doch die Frau hatte nichts mehr als eine Handvoll Mehl
und ein paar Tropfen Öl im Krug,
danach müsste sie und ihr Sohn sterben, das war schlimm genug.
Ein letztes Brot wollte sie noch machen,
dann gäbe es für sie nichts mehr zu lachen.
Elia sagte, "backe den Brotfladen und bringe ihn mir heraus,
dann kannst du weiter backen in deinem Haus."
Aber die Witwe, wie sollte sie das verstehen,

ihr Öl und das Mehl würden nicht zu Ende gehen.
Gott sorgte, so ist es geschehen,
das konnten die Witwe und Elia sehen.
Nun aber starb der Sohn, o welch ein Schmerz,
das brach der Witwe fast das Herz.
Wie sollte sie weiterleben ohne ihr Kind,
wenn man es tot im Bette find?
Nach dem Elia Gott anflehte, gab er das Kind ins Leben zurück,
die Witwe hatte ihren Sohn wieder, welch ein Glück.
Plötzlich nach über zwei Jahren, befahl Gott Elia
er sollte gehen in König Ahabs Reich,
dort wird man ihn empfangen sicher ganz gleich.
Eine Volksabstimmung sollte es auf dem Berg Karmel geben,
damit die Menschen sehen welcher Gott würde wirklich leben.
Zwei Altäre wurden dort gebaut,
das ganze Volk zuschaut.
Nun konnte es losgehen, das war eine Schau,
hoffentlich würden die Menschen endlich schlau.
Denn welcher Gott Feuer vom Himmel schicken kann,
den wollte man künftig beten an.
Die Baals Priester, sie durften beginnen,
bis ihnen der Schweiß von der Stirne tat rinnen.
Sie schrien zu ihren Göttern, jeder konnte es hören,
aber ihre Götter ließen sich nicht stören.
Baals Priester flehten laut in ihrer Not,
aber ihre Götter konnten nicht helfen, sie waren ja tot.
Jetzt Elia vor seinen Altar tritt,
er betete laut und alle hörten mit.
„Herr du Gott Abrahams, Isaaks und Israels!   (1. Könige 18,36-
37)19
Heute sollen alle erkennen, dass du allein der Gott
unseres Volkes bist. Jeder soll sehen, dass ich dir diene
und alles auf deinen Befehl hin getan habe.
Erhöre mein Gebet Herr! Antworte mir,
damit das Volk endlich einsieht, dass du Herr,
der wahre Gott bist und sie wieder dazu bringst,
dir allein zu dienen!"
Da schickte Gott Feuer vom Himmel, nun hatten sie den Beweis,
alles verbrannte, es wurde ganz heiß.

Dann kam der Regen, es war eine Wonne,
der Himmel wurde dunkel- es schien keine Sonne.
Die Baals Priester mussten alle sterben,
damit sie keinen mehr schicken konnten ins Verderben.
Isebel, die Königin, wollte nicht ruhn,
und mit Elia das gleich tun.
Da packte Elia die Angst, er rannte um sein Leben,
warum, o Gott kann es kein Ende geben?
Elia ging in die Wüste hinein,
dort wollte er sterben, ganz allein.
Gott rettete Elia vom Verderben,
nein, er ließ ihn gar nicht sterben.
Mit ihm hatte Gott etwas anderes vor,
er fuhr wie mit feurigem Wagen im Wirbelsturm zum Himmel empor.
Dann wurde Elia nicht mehr gesehn,
er durfte lebendig in den Himmel gehen!

Die Emmausjünger

Sie waren niedergeschlagen sehr,
denn sie hatten keine Hoffnung mehr.
Jesus, ihr Herr, wurde ans Kreuz geschlagen,
und das geschah alles in diesen Tagen.
Das Leben ihres Meisters musste so schlimm enden,
wenn sie nur einen Sinn darin fänden.
Tot wurde er zu Grabe getragen,
sie konnten nur noch darüber klagen.
Warum musste sein Leben zu Ende sein?
Und die zu ihm gehörten waren nun so allein.
Auch sie mussten ohne ihn weiterleben,
er hatte doch dem Leben erst einen Sinn gegeben.
Aber jetzt war einfach alles aus,
deshalb wollten sie auch nur noch nach Haus.
Plötzlich lief Einer neben ihnen her,
wenn sie nur wüssten, wer das wär.
Gesehen hatten sie ihn sicher noch nicht,
auch wenn ihr Herz etwas anderes spricht.
„Was ist geschehen, dass ihr so traurig seid?"
Wusste er denn wirklich nicht Bescheid?
Sie sollten es ihm sagen,
mit ihm reden, das wollten sie wagen.
Er sollte doch auch alles über ihren Jesus wissen,
und dass er unschuldig so viel hatte leiden müssen.
Ihre Traurigkeit konnte er dann sicher verstehen,
auch wenn er noch nichts von Jesus gesehen.
Als sie dann vor ihrem Haus in Emmaus standen,
baten sie ihn herein, weil sie es gut so fanden.
Ihre Gastfreundschaft wollten sie ihm beweisen
und mit ihm an ihrem Tische speisen.
Sie setzten sich mit ihm zu Tisch,
das Brot, es war sogar noch frisch.
Doch der Fremde nahm das Brot in die Hand,
dankte und brach's, irgendetwas sie mit ihm verband.
Auf einmal wussten es beide genau,
er ist Jesus: Komm und schau!
Als sie erkannten, wer er war,

da war er verschwunden, warum war ihnen nicht klar.
Sie hatten es doch die ganze Zeit schon gespürt,
dieser Mann hatte doch ihr Herz berührt.
Von der Freude erfüllt liefen sie durch die Nacht, sie mussten es wagen
und ihren Freunden von Jesus sagen.
Das ist auch unser Auftrag, jeder soll es sehen,
dass wir den Weg mit Jesus gehen.
Wenn er in uns lebt, werden wir Zeuge für ihn
und brauchen nicht mehr vor der Welt zu fliehn.

Esther

Esther du warst sehr schön,
doch auch Schönheit wird vergehn.
Wegen deiner Schönheit wurdest du zum König gebracht,
es war fast wie im Märchen, als getanzt wurde eine Nacht.
Der König im Märchen wollte die Schönste finden,
das tat ihn mit dir verbinden.
Viele Schönheitsmittel wurden noch angewandt,
damit du die Schönste wärst im Land.
Vor dem König die äußere Schönheit zählt,
aber Gott die innere Schönheit wählt.
Unser menschliches Auge wird manchmal von der Schönheit geblendet-
und oft es gar nicht so gut endet.
Ja, so wurde Esther des Königs Frau,
sie war nicht nur schön sondern auch schlau.
Deine Herkunft, die durftest du nicht verraten,
sonst könnte es werden zum Schaden.
Dein Ziehvater Mordechai gab dir diesen Rat
und du hast ihn umgesetzt in die Tat.
Mordechai bekam eine Anstellung im königlichen Palast,
so wusstest du, dass er aufpasst.
Er hatte von einem Anschlag auf den König vernommen,
du solltest es dem König sagen, damit er könnte entkommen.
Die Schuldigen wurden umgebracht,
so hatte Gott durch euch Juden auf den König acht.
Einige Zeit später gab der König Xerxes einem Mann namens Haman ganz viel Macht,
und was er damit machte - ja gebt nur gut acht.
Er nützte sie aus in fast allen Dingen,
ja, er wollte etwas vollbringen.
Machtbesessen wie er war,
sollten alle sich vor ihm verneigen, das war doch klar.
Aber Mordechai, der tat es nicht,
das brachte den Zorn in sein Gesicht.
Auch dass er Jude war, hatte er erfahren,
deshalb wollte er mit der Strafe nicht sparen.
Nicht er allein, nein, alle Juden sollten das büßen,

er würde sie alle umbringen müssen.
So schmiedete er einen fürchterlichen Plan
und das ging alle Juden etwas an.
Er suchte den richtigen Tag für seine Tat,
deshalb fragte das Los um den richtigen Rat.
Geschickt brachte er es dem König bei,
wie schlimm doch das Volk der Juden sei.
Wenn man sie alle umgebracht, das gäbe zwar einen Jammer,
aber ihre Schätze würden gebracht, in des Königs Schatzkammer.
Das wäre gut, das leuchtete dem König ein,
und er unterschrieb den Erlass- so sollte es sein.
Nun stand das Ende des Gottes Volkes fest,
aber Gott sein Volk nicht untergehen lässt.
Die Nachricht von Ende der Juden wurde bekannt im ganzen Land,
ja, die Vernichtung hatte Haman in der Hand.
Haman, er feierte schon seinen Sieg,
auch wenn er nicht wusste, was für ihn am Ende blieb.
Als Mordechai das erfuhr,
kam er Hamans Plänen auf die Spur.
Voll Trauer war nun sein Herz,
was sollte er nun nur tun bei all dem Schmerz?
Königin Esther musste es erfahren,
welche Gesetze im Umlauf waren.
Esther war doch eine von ihnen,
sie tat auch dem lebendigen Gott dienen.
Wie es weiter geht hatte Gott in der Hand
und er benutzte Esthers Verstand.
Esther und alle Juden fasteten drei Tage lang,
dann wollte sie zum König gehen, ihr wurde schon ein wenig bang.
Doch alles ging besser als sie gedacht,
der König hatte auf ihre Worte acht.
Jeden Wunsch wollte er ihr erfüllen,
sie sollte sich nicht in Schweigen hüllen.
Esther war schlau, das konnte man sehen,
der König und Haman, sollten zu ihr zum Festmahl gehen.
Noch ein zweites Mal lud sie die Beiden ein,
ihr Herz war traurig, das Festessen nur zum Schein.

Haman ließ schon einen Galgen errichten,
daran sollte Mordechai hängen, er würde ihn vernichten.
Weil der König in der Nacht keinen Schlaf fand,
las er in der Chronik und fand da so allerhand.
Auch dass Mordechai ihm rettete das Leben
und er ihm dafür keine Ehre gegeben.
Am nächsten Tag kam Haman in den Palast hinein,
er freute sich, dass er hier konnte sein.
Zum König sollte er gleich gehen,
was er von ihm wollte, das wird er ja sehen.
Der König hat ihm eine Frage gestellt,
da hat sich Hamans Gesicht erhellt.
Der König wollte jemand besonders ehren
und Haman sollte ihn ein wenig belehren.
Haman dachte, er sei der Mann,
dem man Ehre geben kann.
Verschiedene Dinge hat er sich ausgedacht,
was er gesagt hatte wurde gemacht.
Ja, er selbst musste Mordechai die Ehre erweisen,
das war zu viel für ihn, seine Gedanken taten schon um sein Ende
kreisen.
Zuvor durfte er noch mit dem König zu dem Festmahl gehen,
er konnte sich setzen, brauchte nicht stehen.
Nun wollte der König Esthers Wunsch hören,
keiner durfte ihn dabei stören.
Die Königin Esther hatte um das Leben ihres Volkes gebeten,
dazu musste sie mit dem König ganz viel reden.
Der König konnte nun alles verstehn,
auch dass Haman Schuld hatte an dem Vergehn.
Da hatte für Haman sein letztes Stündlein geschlagen,
ja, man packte ihn am Kragen.
Er selbst musste nun an dem Galgen sterben,
auch seine Familie brachte er ins Verderben.
Mordechai und Esther kamen zu Ehren,
man würde ihnen so schnell nichts mehr verwehren.
So hatte Gott mit Esther und Mordechai seinen Plan:
Sein Volk durfte leben, es ging mit ihnen voran.
Zum Gedenken feierten die Juden damals wie heute ein Fest,
dass sie sich erinnern, Gott sie nicht alleine lässt.

Mutig zu sein, das können wir von Esther lernen
und uns fröhlich zu unserem Herrn bekennen,
dann werden wir auch nie ins Verderben rennen.
Gott hat seinen Plan auch für unser Leben,
dankbar dürfen wir ihm die Ehre geben.

Gideon

Gideon war gerade beim Weizen dreschen,
da kam ein Engel und wollte mit ihm sprechen.
Der Engel sagte, ein starker Mann Gideon sei
und Gott der Herr, er steht dir bei.
Gideon sagte, von Beistehen kann keine Rede sein,
uns geht es schlecht, Gott lässt uns allein.
Wo sind all die Wunder, von denen unsere Eltern erzählten,
geblieben?
Wenn wir welche sehen könnten, wir würden sie auch lieben.
Aber bis jetzt habe ich noch keine gesehen,
ich muss wohl alleine meinen Weg gehen.
Unsere Feinde die Midianiter bedrohen uns sehr,
wo gibt es denn Hilfe, wo nehme ich sie her?
Der Engel sagte, „Gideon, rette das Volk Israel aus der Midianiter
Macht,
der Herr ist mit dir- du gewinnst die Schlacht!"
Glauben konnte Gideon nicht,
er wollte ein Zeichen, dass Gott zu ihm spricht.
Gideon sagte, „geh bitte nicht weg von mir,
denn ich mache ein Essen dir."
Dann brachte er das Gericht zum Engel heran,
doch der rührte es gar nicht an.
Der Engel sagte, stell das Essen auf den Felsen dort-
Gideon gehorchte sofort.
Mit einem Stab berührte der Engel das Essen,
da kam Feuer aus dem Felsen und hat alles gegessen.
Der Engel verschwand, er war einfach fort,
nur Gideon war noch an dem Ort.
Gideon vertraute jetzt dem Herrn,
er baute einen Altar und tat es gern.
Dann bekam Gideon von Herrn einen Auftrag, und zwar in der
Nacht
und was Gott sagte, das hat er gemacht.
Er sollte den Altar Baals und die Götterstatue Aschera
niederreißen
und einen Altar für den lebendigen Gott bauen, ihn sollte man
preisen.

Das hatte alles Gideon mit seinen Knechten getan,
bevor der neue Morgen kam.
Als die Bewohner der Stadt das Chaos entdeckten,
sie vor gar nichts zurück schreckten.
Wer hat das getan, das wollten sie wissen,
man wird ihn umbringen müssen.
Ihren Gott Baal wollten sie rächen,
ja, für ihn zeigten sie keine Schwächen.
Sie gingen zu Gideons Vater Joasch und sagten, „gib deinen
Sohn heraus,
auf der Stelle noch ist es mit ihm aus."
Gideons Vater ein kluger Mann war,
er musste nun stellen einiges klar.
Baal, er sollte sich doch selber rächen,
wenn er könnte, müsste er doch jetzt sprechen.
In dieser Nacht müssen sterben alle die,
die für Baal kämpfen irgendwie.
Weil Gideon Baals Altar niedergerissen, hatte man ihm den
Namen Jerubbaal gegeben.
Baal sollte sich an ihm rächen, weil er es nicht konnte, durfte er
weiter leben.
Gideon hörte weiter auf den Herrn
und tat ihm folgen froh und gern.
Wieder wurde das Volk Israel bedroht,
Gott Gideon seine Hilfe anbot.
Gideon verhandelte mit Gott- er wollte sicher gehen,
ja, ein Zeichen das wollte er sehen.
Frisch geschorene Wolle legte er auf den Dreschplatz hin,
über Nacht sollte die Wolle nass sein, aber alles andere keine
Nässe ziehn.
Am anderen Tag, da konnte er die Wolle nass sehen,
alles drumrum war trocken - wie konnte das gehen?
Aber Gideon vertraute Gott noch immer nicht,
jetzt sollte Gott es andersrum machen, so er zu Gott spricht.
Gott ging wieder auf Gideons Bitte ein,
wie er es wünschte, so sollte es sein.
Israel, es wurde wieder von Feinden bedroht,
ja sie litten sehr viel Not.
Mit 32000 Männern wollte Gideon ziehen in die Schlacht,

aber Gott wollte nur 300 Mann, dadurch würde er beweisen seine Macht.
Sie hatten alle ihre Feinde in die Flucht geschlagen,
Gott hatte ihnen geholfen, das konnten sie sagen.
In den Kriegen erbeuteten sie viel Gold
und Gideon machte damit, was er nicht sollt.
Aus dem Gold fertigte er eine Götterstatue an,
die man weithin sehen kann.
Ganz Israel betete die Statue an,
und brach Gott die Treue dann.
Ein Volk geht zu Grunde wenn es Gott nicht ehrt,
das uns in vielen Geschichten die Bibel lehrt.
Vierzig Jahre, solange Gideon noch lebte, herrschte Frieden im Land,
auch wenn das Volk sich oft von Gott abgewandt.
Im hohen Alter wurde Gideon neben seinem Vater in Ofra begraben,
dann vergaß das Volk Gott und alles was sie von ihm Gutes empfangen haben.
Fremde Götter taten sie ehren,
von dem lebendigen Gott wollten sie nichts mehr hören.
Wie schnell ist all das Gute vergessen,
man findet nicht mal mehr Dank für das Essen.
Ein bisschen mehr Dank könnten wir Gott schon bringen,
ja ihm auch mal ein Danklied singen.
Denn was wir haben kommt doch alles von ihm,
dankbar könnten wir mit ihm durchs Leben ziehn.

Hanna und Samuel

Hanna, du hattest einen Mann der dich liebte,
aber etwas anderes dein Herz betrübte.
Dein Mann Elkana hatte noch eine zweite Frau,
Peninna, die dachte sie wäre ganz schön schlau.
Sie hatte Kinder und du nicht,
das trieb dir ganz oft Tränen ins Gesicht.
Dazu noch ihre Sticheleien,
in deinem Herzen könntest du nur schreien.
Dass du keine Kinder bekommen konntest hatte doch ein anderer in der Hand
und der hatte dich schon immer gekannt.
Peninnas Demütigungen konntest du fast nicht mehr ertragen,
du wolltest deinen Schmerz deinem Vater im Himmel sagen.
Einmal im Jahr seid ihr alle zum Tempel nach Rama gegangen,
dein Mann opferte, damit ihr mit Gott konntet neu anfangen.
Doch du liebe Hanna warst im Herzen traurig sehr,
du wolltest ein Kind, auch wenn du es wieder geben müsstest her.
Deshalb hast du gebetet ganz still,
der Priester Eli dachte, was die bloß will?
Da er nichts hören konnte und auch nichts verstehen,
dachte er, du solltest schnell wieder gehen.
Er meinte du wärst am frühen Morgen schon betrunken
und hätte dich am liebsten hinaus gewunken.
Du sagtest, Wein, das hättest du nicht in dir,
deine Sorgen und Wünsche vor Gott bringen, das wolltest du hier.
Eli sagte, „was du erbittet das soll geschehen",
könntest getrost nach Hause gehen.
Auf einmal warst du nicht mehr so verzagt,
ihr auch alle den Heimweg wagt.
Und o Wunder, es ist etwas geschehen,
du wurdest schwanger- alle konnten es sehen.
Von Freude erfüllt war nun dein Leben,
am liebsten hättest du Gott alles gegeben.
Etwas hast du versprochen deinem Herrn,
dein Kind, du wolltest es Gott geben und auch noch gern.
Und als euer Sohn Samuel geboren war,
wusstest du, du müsstest ihn wieder hergeben, das war dir klar.

Doch die Freude erfüllte fortan dein Leben,
Gott hatte dir einen Sohn gegeben.
Die Zeit verging, du konntest es nicht fassen,
bald müsstest du ihn loslassen.
Als er entwöhnt war, da kam die Zeit,
du machtest ihn für den Tempel bereit.
Mit gemischten Gefühlen bist du diesmal mit zum Tempel
gegangen,
was würdest du nun ohne deinen kleinen Sohn anfangen?
Doch was du Gott versprochen, das war dir heilig,
auch wenn es zu Hause würde ohne deinen Sohn Samuel etwas
langweilig.
In Elis Obhut hattest du Samuel gebracht,
hofftest im Herzen, dass er gibt auf ihn acht.
Von Elis Söhnen hattest du nichts Gutes vernommen,
wünschtest für deinen Sohn, dass es für ihn nicht würde so
kommen.
Du hattest dein Kind sicher auch Gott anbefohlen,
und deine Treue, die wird er bestimmt lohnen.
Samuel wuchs heran im Dienste des Herrn,
seine Arbeit für Gott machte er froh und gern.
Jedes Jahr durftest du ihn einmal sehen,
am liebsten würdest du nicht mehr von ihm gehen.
Gott hatte dir noch weitere Kinder geschenkt,
ja, er ist gut, er an dich denkt.
Einmal in der Nacht als Samuel schlief,
da hörte er eine Stimme, die nach ihm rief.
Schnell stand er auf, ist zu Eli gegangen,
was wollte er nur in der Nacht mit ihm anfangen?
Doch Eli sagte er hätte nicht gerufen,
ein wenig Schlaf sollte er noch suchen.
Noch zweimal hörtest du diese Stimme sie rief nach dir,
du gingst immer zu Eli, bis er dir sagte, die Stimme kommt nicht
von mir.
Wenn du sie wieder hörst, dann musst du sagen:
„Rede Herr, dein Knecht hört" diese Antwort- du darfst es wagen.
So hatte Gott sich einen neuen Priester erwählt,
für Samuel nur Gottes Wort zählt.

Einmal bekam er von Gott den Auftrag, er sollte Saul zum König machen,
für Saul war am Anfang Gott wichtig, später andere Sachen.
Deshalb suchte sich Gott einen neuen Mann aus
und Samuel musste zu ihm nach Haus.
Ja, nach Bethlehem sollte er gehen,
nach einem neuen König sehen.
Gott hatte ihn schon ausgesucht, das war klar,
doch Samuel wusste nicht wer es war.
Alle Söhne Isais konnte er begutachten,
aber Gott würde auf das Herz der Söhne achten.
Als alle der Reihe nach vorgeführt,
hatte Samuel keine Antwort von Gott gespürt.
Der letzte Sohn Isais David, noch als Hirte auf dem Felde sei,
ihn brachte man zum Schluss auch noch herbei.
Dieser ist es, Samuel das solltest du wissen,
du wirst ihn zum König salben müssen.
Sein Füllhorn er über David ausgoss,
das Salböl nur so herunter floss.
Ja, David würde einmal König werden,
er zählt auch zum Stammbaum Jesu auf Erden.
Samuel, er durfte im hohen Alter sterben,
sein Vermächtnis in der Bibel, das dürfen wir erben.
Samuel, dein Leben du hast es gut verbracht,
hattest immer auf Gottes Wort acht.
Lernen können wir lieber Samuel von dir,
Gott treu zu sein auf Erden schon hier.
Ja, Treue, die wird Gott einmal lohnen,
wir dürfen für immer bei ihm wohnen.

Henoch

Henoch, sein Vater Jered war,
er bekam Henoch mit 162 Jahr.
Henoch war ein Mann wie Gott es wollte,
deshalb er auch nicht sterben sollte.
Er warnte die Leute, sich nicht gegen Gott aufzulehnen,
sondern sich auch in Schwierigkeiten nach Gott zu sehnen.
Söhne und Töchter nannte er sein eigen,
sicher würde er sie uns gerne zeigen.
Doch er war der siebte Nachkomme Adams, lebte also vor langer Zeit,
sein Leben war gut- er war für Gott bereit.
Gott hatte Freude an ihm;
er das sagte, weil er sein Leben mit Gott wagte.
Viel gibt es nicht über Henoch noch zu berichten,
er machte bestimmt keine dummen Geschichten.
Ja, er vertraute seinem Herrn
und Gott- er hatte Henoch gern.
Deshalb nahm er ihn auch hinweg von der Erde,
damit er in seinem Reich glücklich werde.
Mann suchte nach ihm, doch gesehen wurde er nirgendwo,
er musste nicht sterben, darüber war er sicher sehr froh.
Doch wir alle wir müssen einmal sterben,
um dadurch das ewige Leben zu erben.
Ja, unsere Sünde, die bringt uns den Tod
und damit auch so manche Not.
Doch weil Jesus bezahlt hat für uns das Lösegeld,
können wir jetzt schon frei leben in dieser Welt.
Und einmal können wir wie Henoch gleich,
beim Vater leben in seinem Reich.

Hiob

Hiob wir bewundern deinen Glauben,
den selbst der Teufel nicht konnte rauben.
Hiob du warst ein reicher Mann,
doch du musstest durch viel Leid und Elend, man es nicht fassen
kann.
Der Teufel verhandelte mit Gott, er wollte dich zu Fall bringen,
und das würde ihm sicher auch gelingen, wenn du nichts mehr
hättest von all den Dingen.
Nur dein Leben, das durfte er dir nicht nehmen,
das hatte dir ja Gott gegeben.
Ja, der Teufel, er hatte nun freie Hand,
er konnte mit dir schalten und walten wie er es verstand.
Was er da alles mit dir machte, es ist nicht zu fassen,
ich weiß nicht ob wir da Gott nicht hätten los gelassen.
Ein Unglück nach dem anderen brach über dich herein,
weil der Teufel es so wollte, drum musste es sein.
Alle deine Kinder kamen durch einen Wirbelsturm ums Leben,
aber du hattest trotz allem Schmerz Gott die Ehre gegeben.
Auch deinen Reichtum, den konntest du vergessen,
als wäre er nie da gewesen.
Doch der Teufel, er gab keine Ruh,
er deckte deinen Körper mit Geschwüren zu.
Hiob, du musstest so tief sinken,
auf einem Aschehaufen konnte man dich finden.
Nun lagst du am Boden, wusstest nicht mehr aus noch ein,
sollte das die Liebe Gottes sein?
Dein Herz war traurig, das konnte jeder verstehn,
wie sollte es nur mit dir weitergehn?
Selbst deine Frau riet dir, Gott abzusagen,
dein Leben zu beenden, du solltest es wagen.
Dann lieber Hiob, sagtest du einen Satz, den sollten wir uns auch
merken,
er könnte uns trösten, auch wenn wir denken, wir würden am
Schmerze sterben.
„Das Gute haben wir von Gott angenommen,
sollten wir das Unheil nicht auch annehmen."
Aber so leicht war das mit dem Annehmen auch für Hiob nicht,

ihm versperrte das Elend oft die Sicht.
Hiob, er war verzweifelt, am Boden zerstört,
er schrie und klagte vor Gott, ob er ihn auch hört?
Dann kamen deine Freunde auch herzu,
sieben Tage saßen sie nur stumm herum, du hattest deine Ruh.
Danach fingen sie an mit dir zu reden,
Trost und Mitgefühl wollten sie dir geben.
Wie könntest du nur Gott klagen an,
der so viel Gutes für dich schon hatte getan.
Ja, wenn man im Elend sitzt, das können selbst Freunde nicht begreifen,
manchmal wird man dadurch innerlich reifen.
Wenn es uns schlecht geht, wir von Schmerzen sind geplagt,
dann geht es uns wie Hiob, der auch Gott anklagt.
Wieso und weshalb, das fragte auch er,
sein Leben das wurde ihm unsagbar schwer.
Vor Schmerz und Trauer konnte er nicht mehr klar sehen,
wie sollte sein Leben überhaupt weiter gehen?
Am liebsten hätte er, Gott würde ihn irgendwo verstecken,
bis sein Zorn auf ihn verraucht wäre, dann könnte er ihn wecken.
Aber als der Freunde Trost sich in Klage gegen ihn umwandelt,
besäße er noch die Kraft, er hätte gegen das Unrecht gehandelt.
Er, der seinem Gott immer treu geblieben,
an ihm konnte das Unrecht bestimmt nicht liegen.
In deinem Unglück klagtest du, „wo bist du Gott?"
Die Menschen, selbst die Kinder trieben mit dir ihren Spott.
Was musstest du nur alles aushalten,
bevor Gott seine Gnade ließ wieder walten.
Ja Gott, er hat immer dein Elend gesehn,
er hielt dich fest, ließ dich nicht gehn.
Weil du ihn trotz allem nicht hast verlassen,
gab dir Gott wieder alles, du konntest neuen Mut fassen.
Gott schenkte dir, was dir genommen, wieder reichlich zurück,
du hattest in deinem Leben wieder ganz viel Glück.
Wir bewundern noch heute dein Vertrauen,
so wie du sollten wir auch auf Gott schauen.

Hiskia

In deinem Land gab es Kriege hin und her,
sicher dachtest du manchmal, ich kann nicht mehr.
Deine Feinde wollten dir deinen Glauben rauben,
sie sagten, dein Gott würde doch nichts taugen.
Was soll schon ein Gott, den man nicht sehen kann,
fange doch mit den Göttern an.
Doch du hast deinem Gott die Treue gehalten,
in deinem Reich darf er nur walten.
König Hiskia, um dich ist es geschehn,
man konnte dich auf dem Krankenlager sehn.
Den Propheten Jesaja schickte Gott zu dir,
du solltest dein Haus bestellen auf Erden hier.
Du würdest sterben, so sollte es sein,
müsstest gehen ganz allein.
Aber du wolltest leben, das kann man verstehen,
und noch nicht von dieser Erde gehen.
Weinend und betend flehtest du zu deinem Herrn,
er sollte dich erhören, er ist doch nicht fern.
Deine Kissen waren sicher ganz nass vom Weinen,
der Herr sah es und erbarmte sich den Seinen.
Sicher tatest du deinem Gott leid,
und er war mit seiner Hilfe für dich bereit.
Gott schickte Jesaja, wieder er trat vor dich hin,
das was er sagte, war für dich ein Neubeginn.
15 Jahre wollte Gott dir noch geben,
du durftest sie dankbar aus seiner Hand nehmen.
König Hiskia, was hast du da wohl gedacht,
dass Gott eine Lebensverlängerung für dich gemacht?
Du durftest Leben und weiter regieren
und dein Volk noch ein wenig führen.
Dein Herz war sicher voll Jubel und singen,
wolltest sicher deinem Gott Danklieder bringen.
Ich hätte das auf jeden Fall so gemacht,
ihm meinen Dank gebracht, manchmal auch in der Nacht.
Wir lernen von Hiskia nicht gleich aufzugeben,
manchmal schenkt uns Gott das, auch wir dürfen weiter leben.
Wie oft dachten wir schon, es ist alles aus,

und Gott machte neues Leben daraus.
Wenn wir uns ganz auf Gott verlassen,
geschehen manchmal auch Wunder- wir können's nicht fassen.

Jakob und Esau

Jakob und Esau - Zwillinge sie waren,
obwohl sie sich gar nicht ähnlich sahen.
Die Erziehung ihrer Eltern war nicht ganz so toll,
jeder hatte einen Liebling, was man nicht haben soll.
Jakob der Liebling der Mutter war,
er half ihr ganz gern wenn er sie sah.
Esau, wie hätte es anders sein können,
der Liebling des Vaters- so kann man es nennen.
Esau, der Erstgeborene von beiden,
deshalb tat ihn Jakob beneiden.
Jakob war gerade beim Linsensuppe kochen,
da kam Esau von der Jagd, als hätte er es gerochen.
Hungrig wie er war, musste er unbedingt etwas davon haben,
er wollte sich an der Suppe laben.
Aber Jakob konnte sie ihm nicht einfach geben,
sein Erstgeburtsrecht wollte er ihm dafür nehmen.
Esau hatte Hunger, was scherte ihn da sein Erstgeburtsrecht,
und die Suppe schmeckte doch bestimmt nicht schlecht.
Suppe gegen Erstgeburtsrecht, was sollte da schon geschehn
und was später einmal wird, das wird man ja sehn.
Suppe gegen Erstgeburtsrecht, der Handel war perfekt,
Esau schon die Hände nach der Suppe ausstreckt.
Die Zeit verging, allen war klar,
Vater Isaak bald am Sterben war.
Ja, Isaak war schon fast erblindet,
er sich nicht mehr so gut zurecht findet.
Deshalb rief Vater Isaak Esau zu sich herein,
er sollte ihm ein Wild schießen und es zubereiten für ihn allein.
Danach wollte er ihm seinen Segen geben,
den könnte ihm dann keiner mehr nehmen.
Doch Rebekka, Isaaks Frau hatte alles gehört,
sie musste handeln, den Segen für Esau sie abwehrt.
Rebekka hatte schnell einen Plan,
den hören wir uns gleich mal an.
Jakob sollte schnell ein paar Ziegenböcklein holen,
denn Rebekka saß schon wie auf heißen Kohlen.
Sie musste sie braten und gut zubereiten,

so wie Isaak sie gerne isst, knusprig von allen Seiten.
Mit dem Essen sollte er zum Vater hinein,
aber plötzlich musste er Esau sein.
Ja, man würde den Vater betrügen
und Jakob sollte dazu noch lügen.
Esaus Kleider zog er an,
damit der Vater den Geruch Esaus riechen kann.
Zaghaft brachte er dem Vater das Essen,
hoffentlich geht alles schnell, damit er es könnte vergessen.
Aber Vater Isaak war sich unsicher sehr,
zu glauben dass es Esau ist, fiel ihm schon schwer.
Zur Sicherheit hatte er noch gefragt,
„bist du auch Esau?"- Und Jakob hatte ja gesagt.
Dann wollte er von dem vermeintlichen Esau einen Kuss,
da roch er die Kleider Esaus, das war für ihn ein Genuss.
Beruhigt gab er nun Jakob seinen Segen,
Gott möge ihn beschützen auf all seinen Wegen.
Der Erbe würde er nun sein,
ihm würde fast alles gehören- ihm allein.
Mit einem schlechten Gewissen ging Jakob hinaus,
seine Mutter schickte ihn nun fort, er könnte nicht mehr bleiben zu
Haus.
Denn wenn Esau von dem Betrug erfährt,
Jakobs Leben nicht mehr lange währt.
So war nun Jakob auf der Flucht,
dass Esau ihn nicht findet, wenn er nach ihm sucht.
Zu Rebekkas Bruder könnte er gehen,
wie es dann weitergeht wird er schon sehen.
Als er noch unterwegs war, legte er sich zum Schlafen unter den
Kopf einen Stein,
das musste wohl ein hartes Kissen gewesen sein.
In der Nacht träumte er, das war schon ein seltsames Ding,
er sah eine Leiter, die wohl am Himmel hing.
Auf dieser Leiter stiegen auf und nieder,
viele Engel immer wieder.
Und in der Mitte war Gott und sprach zu ihm:
"Seine Nachkommen würden unzählbar auf Erden,
und er sollte ein Segen werden."
Dann setzte er seine Reise fort,

bald darauf war er schon in der Nähe von Labans Ort.
Dort lernte er die Tochter Labans, Rahel kennen,
die er gerne sein eigen würde nennen.
Aber um das zu erreichen,
musste er sieben Jahre für Laban arbeiten und nicht weichen.
In der Hochzeitsnacht und das ist nicht gelogen,
da wurde er mit der falschen Frau betrogen.
Lea , die ältere Schwester Rahels es war,
das merkte er am nächsten Morgen als er sie sah.
Da konnte er nur noch zu Laban sagen,
„du gabst mir die Falsche, die wollt ich nicht haben."
Noch einmal sieben Jahre für Laban arbeiten sollte er,
dann gab ihm Laban eine Woche nach der Hochzeit mit Lea
Rahel auch noch her.
Lange Zeit war Jakob nun schon von seiner Heimat fort,
deshalb wollte er wieder gehen in seinen heimatlichen Ort.
Mit seinem ganzen Clan, Tieren und alles was er hatte wollte er
gehen
und seine Heimat wieder sehen.
Heimlich machten sie sich auf die Reise,
mit ihrem ganzen Reichtum in das Land Kanaan auf ihre Weise.
Unterwegs mitten in der Nacht, brachte er die Seinen über den
Jabbokfluss -
dann ging er noch einmal auf die andere Seite zurück.
Da trat ihm ein Mann entgegen mit dem er kämpfen musste, doch
er hatte Glück.
Der Mann sagte zu Jakob: „Lass mich endlich los!"
dann verpasste er Jakob einen Schlag in die Hüfte bloß.
Aber Jakob sagte: "Ich lasse dich nicht, du segnest mich denn!"
Und Gott segnete Jakob, er sollte sich zu Gott bekennen,
von nun an sollte er sich Israel nennen.

Die Reise ging bald ihrem Ende zu,
würde er in Esaus Nähe überhaupt finden Ruh?
Die Angst vor Esau stand ihm im Gesicht geschrieben,
würde Esau ihn denn noch lieben?
Doch als Esau seinen Bruder konnte begrüßen,
sein Herz voller Freude, in den Arm konnte er ihn schließen.
Lange haben sie sich im Arm gelegen,

Gott war mit ihnen auf all ihren Wegen.
Bei Jakob und Esau hatte Gott Frieden geschaffen
und diesen Frieden ganz ohne Waffen.
Frieden könnte es auch heute noch werden,
wenn wir Gottes Gebote halten würden auf Erden.

Gerufen hat dich Gott, als du noch jung an Jahren,
deine Jahre vielleicht erst 19 waren.
Zu jung wärst du, so dachtest du,
doch Gott ließ deine Ausreden nicht zu.
Gott wollte dich senden, wohin er wollte,
auch wenn es dir nicht passen sollte.
Er wollte immer bei dir sein,
bräuchtest dich nicht fürchten, wärst ja nicht allein.
Das Volk Israel solltest du anklagen,
warum sie den lebendigen Gott verlassen haben?
Tote Götter sie verehren,
den allmächtigen Gott tut es stören.
Er hat euch aus der Sklaverei geführt,
deshalb ihm allein die Ehre gebührt.
Doch ihr wollt allesamt von Gott nichts wissen,
nun werdet ihr in der Fremde tote Götter ehren müssen.
Warum kehrt ihr nicht zu Gott zurück?
Er würde euch doch geben so viel Glück.
Über euch ist er traurig, doch ihr hattet euch entschieden,
ja, ihr wollt tote Götter lieben.
Doch aus Holz und Stein sind allesamt,
sie haben euch nie im Leben gekannt.
Aber was soll man euch noch lehren,
wenn ihr so dumm seid und wollt tote Götter verehren.
Auch eure Moral, sie ist am Ende,
weil ihr euch losgelöst aus Gottes Hände.
Gott den Herrn habt ihr verlassen
und lebt gottlos, man kann's nicht fassen.
Gott hatte sein Volk das er liebte dahin gegeben,
auch wenn es ihnen nun schlecht geht in ihrem Leben.
Wer Gott los sein will auf dieser Erden,
der wird es auch in Ewigkeit werden.
Die Könige Judas und Jerusalems trieben ihr gottloses Leben,
du Jeremia musstest ihnen Gottes Strafe ankündigen,
Gott selbst wird sie ihnen geben.
Zu Tode betrübt war Jeremia, weil das Volk nicht hören wollte,

sogar ihrem Spott war er ausgeliefert, er konnte nicht mehr so wie er sollte.
Verflucht sei der Tag an dem er geboren war, so dachte er,
sein Leben war hart, er wollte nicht mehr.
Von Freude war überhaupt keine Spur,
jammern und klagen das konnte er nur.
Einige Zeit war vergangen,
da hatte Gott wie so oft mit Jeremia zu reden angefangen.
Seinem Schreiber Baruch diktierte er, was Gott zu ihm geredet
hatte in der vergangenen Zeit,
und worauf das Volk nicht hören wollte, es war einfach dazu nicht
bereit.
Baruch las was er geschrieben hatte im Tempel vor,
die Menschen erzählten es dem König, so kam es vor sein Ohr.
Die Buchrolle sollte man zu dem König Jojakim bringen,
leider verstand er nichts von all den Dingen.
Der König vor dem Feuer im Kaminzimmer saß
und hörte auf das was man ihm vorlas.
Ernst genommen hatte er es nicht,
das konnte man lesen in seinem Gesicht.
Immer wenn ein Stück gelesen,
warf er es ins Feuer als wäre es nie da gewesen.
Dann wollte er Jeremia und Baruch verhaften lassen,
doch Gott sorgte für sie, er konnte sie nicht fassen.
Noch einmal musste Baruch alles aufschreiben,
diesmal bekam es der König nicht, es sollte für später bleiben.
Jeremia war auf dem Weg zu seinen Verwandten um eine
Erbschaft zu teilen,
da wurde er verhaftet, in einer Zisterne musste er nun für einige
Zeit weilen.
Weil der König Zidkija wissen wollte wie es weiter geht,
holte er Jeremia heraus, er nun vor ihm steht.
Die Nachricht für den König war gar nicht gut,
doch für Jeremia wurde es etwas besser, er hatte ein wenig mehr
Lebensmut.
Im Wachhof durfte er nun bleiben
und sich da die Zeit vertreiben.
Er warnte die Leute und sagte, sie sollten sich den Babyloniern
ergeben,

sonst würden sie es bezahlen mit ihrem Leben.
Weil man dem was er sagte keinen Glauben schenkte,
musste er wieder in die Zisterne, man ihn ein Stück im Schlamm
versenkte.
Ach Jeremia, du warst wirklich nicht zu beneiden,
musstest in deinem Leben schon so viel leiden.
Der Eunuch Ebed-Melech hatte mit dir Mitleid,
mit des Königs Erlaubnis hatte er dich aus deinem Elend befreit.
Gefangen warst du auch weiter noch,
aber weiter leben durftest du doch.
Nach dem Untergang Jerusalems wurde Jeremia frei,
er durfte wählen wo er weiter leben wollte, egal wo es sei.
Jeremia blieb bei seinen Leuten, für ihn war es klar,
auch wenn sie nicht auf ihn hörten, was so oft der Fall war.
Das Volk Israel musste noch viel Leid erfahren,
Gott tat für ihren Ungehorsam damit nicht sparen.
Nach langer Zeit führte Gott sein Volk wieder aus der
Gefangenschaft heraus,
damit er die Babylonier und Ägypter vernichten konnte mit Mann
und Maus.
Da gab es nur noch einen Trümmerhaufen zu sehen,
ja, die großen Götzenstädte mussten untergehen.
Gott führte sein Volk- er behält am Ende den Sieg,
auch wenn es gab mit seinem Volk so manchen Krieg.
Jeremia du musstest viel Unheil verkünden,
weil alle lebten in ihren Sünden.
Oft wusstest du bestimmt nicht mehr aus noch ein,
ob Gott würde überhaupt noch bei dir sein?
Ich glaube, ich hätte das so wie du sicher nicht ausgehalten,
mein Glaube, ich weiß nicht ob Gott da noch könnte walten.
Du warst in deinem Leben schon bewundernswert,
trotz all deiner Trübsal hast du deinen Gott noch geehrt.
Beim Lesen deiner Geschichte dachte ich, du hattest allen Grund
aufzugeben,
wolltest manchmal auch nicht mehr leben.
Doch Gott führte dich, das konnte man sehen,
auch wenn du unsagbar schwere Wege musstest gehen.
So dürfen wir auch heute wissen,
Gott sorgt für uns, auch wenn wir manchmal umdenken müssen.

Jesaja

Jesaja, du Prophet der Propheten,
ach wenn die Leute nur auf dich hörten.
Doch sie wollten, so wie wir auch heute, ihre eigenen Wege
gehen,
auch wenn sie Vieles überhaupt nicht konnten verstehen.
Damals als Gott dich rief, was hast du da nur gedacht?
Als ein Engel mit glühender Kohle deine Lippen berührte- und das
ganz sacht.
Er sagte, du wärst von deiner Schuld frei,
ja, alles dir vergeben sei.
Und Gott fragte: "Wer will unser Bote sein, wen soll ich senden?"
Du warst bereit, dich konnte er senden,
auch wenn sich dein Lebensplan dadurch würde wenden.
Verheißungen, die durftest du erleben,
manche werden für die ganze Welt zum Segen.
Hinweise auf Jesus, das waren sie schon,
auf den versprochenen Retter, auf Gottes Sohn.
Aber wie so oft wollte sein Volk von Gott nichts hören,
sie beteten fremde Götter an und taten sich nicht daran stören.
Sogar Gärtchen für ihre Götter legten sie an,
so dass es jeder sehen kann.
Heute findet man so etwas auch in unserem Land,
ja, unser Glaube hat einen schweren Stand.
Buddhastatuen an Fenstern und in Gärten stehn,
sogar ganz groß in einer deutschen Stadt,
ob der Glaube an Jesus, da überhaupt eine Zukunft hat?
Menschen in unserem Volk sich fremden, toten Göttern
zuwenden,
ach, wo soll das denn nur enden?
Von dem lebendigen Gott wollen viele nichts wissen mehr,
in ihrem Herzen sind sie dadurch oft kalt und leer.
Sinn im Leben konnte damals wie heute doch nur Gott geben,
aber er will dafür haben unser Leben.
Wenn du es ihm froh und gerne überlässt,
dann wird im Himmel sogar ein Fest.
Gott führte seine Pläne damals wie heute immer aus,
nur manchmal werden wir nicht schlau daraus.

Doch Gott ist der Töpfer, er formte unser Leben,
dann können wir auch nicht sagen, er verstünde nichts davon,
was er gegeben.
Sein Volk ließ er oft in die Irre gehen,
das kann man in der Bibel sehen.
Dabei hatte er so einen guten Plan,
aber die Menschen wollten ihn nicht nehmen an.
Sie dachten in Ägypten würden sie Schutz finden,
weil sie sich nicht an dich wollten binden.
Doch die Ägypter würden ihnen nichts nützen
und sie auch ganz bestimmt nicht beschützen.
Die Menschen konnten so wie auch wir Gott nicht sehen,
deshalb brauchen sie auch nicht zu ihm zu flehen.
Er würde doch sowieso nicht hören,
warum sollten sie ihn dann stören.
Dabei wartet er ja nur darauf,
ja, seine Hände, die tut er dann auf.
Liebe, Treue, Frieden, Wohlstand, Ruhe und Sicherheit würde er
schenken,
würde sein Volk doch endlich an ihn denken.
Jesaja, du erklärtest seinem Volk wie mächtig Gott ist,
damit es keiner von ihnen vergisst.
Er ist der Schöpfer der ganzen Welt
und nur was er will das zählt.
Was ist dagegen der Mensch mit all seinem Tun,
wenn Gott es will, dann muss er ruhn.
Ja, er ist wie eine Blume oder wie Gras, es verdorrt,
nur einzig beständig bleibt sein Wort.
Gott ist allmächtig, er lässt sich mit niemandem vergleichen,
das merken alle, sogar die Reichen.
Alle die dem Herrn vertrauen, bekommen immer neue Kraft,
ja, jeder mit ihm seine Arbeit auch schafft.
Gott hat sein Volk erwählt,
es für ihn ganz viel zählt.
Er hatte sie immer wieder ermahnt um ihnen zu helfen,
doch sie tun seine Mahnungen einfach verwerfen.
Blindlings laufen sie in ihr Verderben,
da half auch nicht seiner Liebe Werben.
Durch Kriege mussten sie viel leiden,

doch sie hätten das alles können vermeiden.
In Gefangenschaft, ja in Gefängnissen mussten sie sitzen,
ihre Wut darüber tat bestimmt aufblitzen.
Doch Gott hatte sein Volk nicht aufgegeben,
die Menschen, sie sollten weiter leben.
Gott zeigte was er alles kann
und jeder ist ihm untertan.
Die Götzenbilder gemacht von Menschenhand,
sie sind doch allesamt nur Tand.
Helfen können sie auf keinen Fall,
Ja ihr Menschen, ihr habt die Wahl.
Heute wie damals, jeder kann sich entscheiden,
wählt er richtig, dann ist er zu beneiden.
Doch bei einer falschen Wahl, wenn er sie getroffen,
dann gibt es in der Ewigkeit auch nichts zu hoffen.
Gott hatte sein Volk nie aufgegeben,
das will er auch mit dir, damit du ewig darfst leben.
Doch sein Volk ist widerspenstig wie auch wir manchmal,
darum laufen sie in die Irre, wie so oft an der Zahl.
Ach wenn sie nur auf Gott würden hören,
dann würden die Feinde sie auch nicht stören.
Und Gott spricht:" Höre mein Volk, ich bringe euch den Frieden,
der für alle Zeiten bleibt bestehn,
warum wollt ihr denn nicht endlich zu mir stehn?
Meine Herrschaft dauert von Generation zu Generation,
warum lauft ihr mir immer wieder davon?"
Wenn ihr meine Gebote haltet, dann geht es euch gut,
verlasst euch auf mich, habt einfach Mut.
Ja, Gott wirbt voller Liebe um sein Volk, er will es halten,
auch wenn sie ihn oft nicht lassen walten.

Er wird sein Volk aus der Sklaverei in Babylon befreien,
weil sie nach seiner Hilfe schreien.
Gott hat die Macht und alle Gewalt,
das wird sein Volk erfahren bald.
Sogar Jesaja hatte schon voraus gesehen,
was einmal mit Jesus würde geschehen.
Er, der Sohn Gottes, er würde leiden,

es gab keinen anderen Weg, er würde ihn gehen und nicht
meiden.
Ja, er würde verachtet und angespuckt,
man wollte ihn nicht sehen, man wegguckt.
Geschlagen, verspottet, verhöhnt und verlacht,
nur dadurch würde die Brücke zum Vater für uns gemacht.
Unsere Schuld und Sünde- Jesus sollte sie einmal tragen,
damit wir am Leben nicht müssten verzagen.
Doch dein Volk, viele werden es nicht begreifen,
wie lange müssen sie noch innerlich reifen?
Jesaja hatte die Ankunft des Gottes Sohnes nicht mehr gesehen.
Aber wir dürfen in seinem Wort lesen und erfahren,
Jesus Christus lebt und will mit uns gehen.
Das Volk Israel erlebte immer wieder den Wechsel der Gefühle,
einmal fragten sie nach Gottes Rat
und dann wieder verlassen sie ihn in der Tat.
Um Vergebung bitten sie Gott auch hin und wieder,
könnten sogar singen fromme Lieder.
Aber leider viel zu schnell geben sie Gott wieder auf,
machen ihren eigenen Lebenslauf.
Manchmal müssen sie ganz tief fallen,
bevor sie wieder Gottes Hilfe spüren in allem.
Ja, alle die ihm vertrauen erfahren seine Macht
und dass er es am Ende gut vollbracht.
Gott wird einmal einen neuen Himmel und eine neue Erde
erschaffen,
da werden dann für immer schweigen die Waffen.
In Frieden und Freude wird man da leben
und es wird keine Krankheit mehr geben.
Jesus wird dann alles in allem sein
und keiner wird da mehr sein allein.
Ja, freuen können sich alle darauf,
die mit ihm leben und sterben, denn er fängt sie auf.
Ein Leben bei ihm- wie schön wird es werden,
wir können es uns nicht vorstellen auf Erden.
Und willst du das himmlische Ziel erreichen,
dann glaub seinem Wort und unwichtige Dinge werden weichen.

Jesus

Jesus, wie dein Leben auf Erden begann,
ich weiß gar nicht so recht wie ich damit anfang.
Von Maria lesen wir, sie war allein,
doch da kam ein Engel zu ihr herein.
Und was er zu ihr sagte, das war schon ein Ding,
da hören wir doch genauer mal hin.
„Maria du wirst schwanger werden,
Gott selbst wird der Vater deines Kindes auf Erden!"
Das sagte schon der Prophet Micha zirka 500 Jahre vorher.
„Und du Bethlehem Ephratha, die du klein bist unter den Städten
Juda, aus dir soll kommen, der in Israel Herr sei, welches
Ausgang von Anfang und von der Ewigkeit gewesen ist
(Micha 5, 1)
Maria sagte, wie Gott es will, so soll es geschehen,
das können wir von ihr lernen, wenn wir auf sie sehen.
Als ihr Verlobter Josef merkte, dass sie schwanger war,
wollte er sie verlassen, das ist doch klar.
Aber Gott sorgte dass er bei ihr blieb,
er hatte sie doch von Herzen lieb.
Hochschwanger musste Maria mit Josef nach Bethlehem gehen,
weil der Kaiser es wollte, drum sollte es geschehen.
Dort mussten sie sich registrieren lassen,
damit der Kaiser sie in Steuerlisten konnte erfassen.
Doch dann fing das Dilemma an,
man euch keinen Platz zum Schlafen geben kann.
Mit einem Stall musstet ihr vorlieb nehmen,
etwas anderes konnte man euch nicht geben.
In diesem Stall wurdest du geboren bei der Nacht,
aber Gott hielt über deinem Leben die Wacht.
Ruhe fandet ihr diese Nacht wohl nicht,
ihr bekamt viele Menschen zu Gesicht.
Zuerst sind die Hirten zu euch gekommen,
von den Engeln haben sie die frohe Botschaft vernommen.
Die Weisen aus dem Morgenland folgten dem Stern,
er führte sie zu eurem Kind Jesus, dem König und Herrn.
Kurze Zeit später seid ihr schon auf der Flucht,
und hattet Zuflucht in Ägypten gesucht.

Sonst hätte König Herodes euer Kind töten lassen,
was er dann tat ist nicht zu fassen.
Allen Knaben unter zwei Jahren ließ er nehmen das Leben,
so etwas Schlimmes hat es damals gegeben.
Er wollte König bleiben, das ist doch klar,
für einen neuen König kein Platz da war.
Nach dem König Herodes gestorben, kam sein Sohn auf den
Thron,
er wusste nichts von dir, du warst ja auch Gottes Sohn.
Ihr konntet wieder nach Nazareth zurück,
das war bestimmt für euch ein Glück.
Josef konnte wieder seiner Zimmermannsarbeit nachgehen,
und Maria durfte sich im Haushalt umsehen.
Du Jesus wuchst heran wie andere Kinder auch,
lerntest viel auch was bei euch so der Brauch.
Mit 12 Jahren durftest du zum ersten Mal eine Reise machen,
in die Stadt Jerusalem- konntest anschauen viele Sachen.
Den großen Tempel sah man dort stehen,
da wolltet ihr alle hinein gehen.
Im Hause deines Vaters, da wolltest du bleiben,
und hören und sehen was sie da lesen und schreiben.
Für dich war alles neu und sehr interessant
dein Vater hatte ja alles in der Hand.
Maria und Josef noch ein paar Tage in Jerusalem weilen,
doch dann solltet ihr wieder nach Hause eilen.
Sie dachten, du wärst mit den anderen Kindern schon
vorausgegangen,
als sie dich nicht fanden, erfüllte sie das mit Bangen.
Wo sollten sie dich suchen, wo warst du bloß?
Die Angst um dich ließ sie nicht los.
Nach langem Suchen sind sie in den Tempel gegangen, um dort
nach dir zu sehen,
da fanden sie dich im Gespräch mit den Gelehrten stehen.
Am liebsten wärst du im Hause deines Vaters geblieben,
doch du musstest nach Hause mit deinen Lieben.
Erst als du ein junger Mann wurdest, hörte man wieder etwas von
dir,
du wurdest erwachsen, wie viele von uns hier.
Bei Johannes dem Täufer konnte man dich sehen,

du musstest zu deiner Taufe in den Jordan gehen.
Als Johannes dich taufte, da ist es geschehen,
man konnte Gottes Worte verstehen.
„Dies ist mein geliebter Sohn, an dem ich meine Freude habe!
Ihn habe ich erwählt." (Matthäus 3, 17)
Danach wurdest du durch Gottes Geist in die Wüste geführt,
dort wartete schon der Teufel, er hätte gerne dein Leben regiert.
Vierzig Tage und Nächte warst du da,
hattest nichts gegessen und getrunken, vielleicht war dir elend
sogar.
Der Teufel dachte, er hätte mit dir ein leichtes Spiel,
wenn du geschwächt, er bestimmt erreicht sein Ziel.
Doch allen Versuchungen hieltest du stand,
du wusstest dein Leben in Gottes Hand.
Niemals hättest du dem Teufel die Ehre gegeben,
auch wenn du dafür hergeben müsstest dein Leben.
Von da an warst du unterwegs um von deinem Vater zu reden,
wurdest für viele Menschen zum Segen.
Du suchtest dir zwölf Freunde, die mit dir gehen,
mit ihnen zusammen konnte man dich sehen.
Viele Wunder hast du vollbracht,
da hatte so manches Herz gelacht.
Einmal warst du zu einer Hochzeit eingeladen,
bei der langen Feier ging der Wein zu Ende, doch es war kein
Schaden.
Du hattest aus Wasser Wein gemacht,
dein erstes Wunder hattest du da vollbracht.
Viele weitere Wunder folgten dann,
ich sie nicht alle aufzählen kann.
Einige will ich hier nennen,
von der Liebe zu den Menschen konnte dich nichts trennen.
Der blinde Bartimäus, er konnte wieder sehen,
und alleine auf seinen Wegen gehen.
Lahme, Aussätzige, Besessene wurden frei,
dir war nichts zu schwer, was es auch sei.
Selbst Tote erwecktest du wieder zum Leben,
so viel Vollmacht hatte dir Gott gegeben.
Auch Wind und Wellen gehorchten dir,
man konnte mit dir viel erleben auf Erden hier.

Ich denke, viele von uns wären auch gerne dabei gewesen,
aber wir lebten noch nicht, deshalb können wir es in der Bibel
lesen.
Doch dein Wort, wir können nicht alles verstehen,
manchmal möchten wir von dir einfach mehr sehen.
Viel hast du damals die Menschen gelehrt,
von deinem Vater- du hast ihn geehrt.
Seine Liebe sollte alle durchdringen,
damit sie ihm auch Ehre bringen.
Aber erreicht hast du das nicht, das kann man so sagen,
nur Wenige wollten ein Leben mit dir wagen.
Bis heute ist das auch noch so,
auch wenn man mit dir wird im Herzen ganz froh.
Einmal sind Petrus, Jakobus und Johannes mit Jesus auf einen
Berg gegangen,
dort wurde Jesus von einem hellen Licht umfangen.
Mose und Elia sahen sie da,
es war schon seltsam was geschah.
Wunderschön musste es gewesen sein,
sie wollten Hütten bauen bei des Lichtes Schein.
Dann hörten sie die Stimme Gottes, er sprach zu ihnen:
„Dies ist mein lieber Sohn an welchem ich meine Freude habe,
den sollt ihr hören."
Das gilt auch für uns, hören wir wirklich auf ihn?
Oder wollen wir nicht lieber vor ihm fliehn?
Dass du Gottes Sohn wärst, das konnten die Schriftgelehrten
nicht fassen,
darum wollten sie dich umbringen lassen.
Du hattest sie in ihrem Denken gewaltig gestört,
deshalb haben sie auch nicht auf dich gehört.
Jetzt fällt mir noch etwas ein,
es muss bei der Tempelreinigung gewesen sein,
Die Tische und Verkaufsstände die warfest du um,
dein Zorn nahm es allen, was sie machten krumm.
Was hatten sie aus dem Tempel nur gemacht,
es sollte ein Haus des Betens sein, darauf hattest du acht.
Ich glaube, heute hättest du auch nicht immer Freude daran,
was so in manchen Gotteshäusern wird getan.
Man braucht ja nicht alles so genau nehmen,

und schon gar nicht dein Wort, das du uns gegeben.
Schreibe du es in unser Herz hinein,
dein Wort wird für immer beständig sein.
Und als die vielen Menschen beim Einzug in Jerusalem dir
Hosianna zuriefen,
dich umjubelten und mit dir liefen.
Da dachten die Schriftgelehrten darüber nach, wie sie dich
ergreifen,
ein schlimmer Plan tat in ihnen reifen.
Doch du Jesus wusstest genau was sie hatten im Sinn,
du kanntest es schon von Anbeginn.

Trotzdem hattest du dich darauf eingelassen,
kamst zu uns auf die Erde- wir können's nicht fassen.
Mit deinen Freunden wolltest du ein letztes Mal zusammen sein,
mit ihnen essen und trinken, nur mit ihnen allein.
Du erzähltest ihnen was nun alles passiert,
doch sie hatten es einfach nicht kapiert.
Einer von ihnen sollte dich verraten,
das konnte doch nicht sein, wer sollte dir schaden?
Judas Ischariot, ein Freund von dir, lief in die Nacht hinaus,
was er nun machte, damit war dein Leben bald aus.
Für nur 30 Silberstücke verkaufte er dein Leben,
nur so wenig haben sie ihm für dich gegeben.
Im Garten Gethsemane warst du um mit deinem Vater zu reden,
deine Freunde schliefen, sie halfen dir nicht beten.
Du hattest Angst vor dem was nun kommen sollte,
selbst Judas- er es bestimmt nicht so wollte.
Dann stürmten die Soldaten in den Garten hinein,
sie wollten dich gefangen nehmen, dich ganz allein.
Judas dein Freund kam als Erstes an,
um dich zu küssen, als Zeichen für die Soldaten dann.
Ja, deine Leidenszeit hatte nun so richtig angefangen,
du blicktest darauf sicher mit großem Bangen.
Lange wurdest du verhört, es wollte kein Ende nehmen,
bis man dich dann dem römischen Prokurator Pilatus übergeben.
Pilatus fand an dir keine Schuld,
doch lange hatte er nicht mit dir Geduld.
Die Macht hätte er gehabt dich frei zu lassen,

doch das Volk wollte deinen Tod, man kann es nicht fassen.
Ich glaube, er hatte Angst um seine Macht,
deshalb hatte er was das Volk wollte gemacht.
Dann lieber Herr Jesus wurde es für dich sehr schwer,
du wurdest geschlagen, verspottet, mit Dornen gekrönet, bis du
hattest keine Kraft mehr.
Wunden und Striemen haben sie dir gemacht
und dazu dich noch ausgelacht.
Mit dem Kreuz auf deinen Schultern musstest du durch Jerusalem
gehen,
du hieltest es aus- jeder konnte dich sehen.
Mit viel Mühe und Not hattest du den Hügel Golgatha erreicht,
sie stießen dich aufs Kreuz-
was dann folgte, keiner anderen Strafe an Grausamkeit gleicht.
Nägel wurden dir durch deine Hände und Füße getrieben,
hattest unsagbare Schmerzen, so sehr musstest du die Menschen
lieben.
Für dich und für mich ließ er sich ans Kreuz schlagen,
aus Dankbarkeit sollten wir ein Leben mit ihm wagen.
Ja, für unsere Schuld hat er sein Leben gegeben,
wir dürfen frei sein und mit ihm leben.
Als du dann tot warst wurdest du zu Grabe gebracht,
nun war es endgültig aus mit deiner Macht.
Soldaten hielten an deinem Grabe die Wache,
ja es war schon eine komische Sache.

Doch nach drei Tagen da war es geschehen,
viele konnten dich wieder lebendig sehen.
Selbst der Tod hatte keine Macht mehr über dich,
du bist auferstanden, darüber freue ich mich.
Weil du dem Tode die Macht genommen,
dürfen wir auch leben und zu dir kommen.
Einige Zeit warst du noch auf Erden,
konntest von Vielen gesehen werden.
Aber dann wolltest du zu deinem Vater im Himmel gehen,
deine Freunde, sie konnten es sehen.

Bevor du gingst, hast du deinen Freunden noch etwas mit auf
ihren Weg gegeben,
dran sollten sie sich halten und alles aus deiner Hand nehmen.
Was er sagte, das gilt auch uns, wir sollten es tun
und uns auf den Weg machen und nicht ruhn.
„Gehet hin in alle Welt und lehret alle Völker
und taufet sie im Namen des Vaters und des Sohnes
und des heiligen Geistes, und lehret sie halten alles was ich euch
befohlen habe. Und siehe ich bin bei euch alle Tage bis an der
Welt Ende!" (Matthäus 28,19-20)
Das ist auch unser Auftrag, die frohe Botschaft zu tragen in die
Welt hinaus,
viele machen sich auf den Weg, manche gehen sogar von Haus
zu Haus.
Ja, jeder von uns sollte es wagen
und von der Liebe Jesu den anderen sagen.
Er hat versprochen immer bei uns zu sein,
dann sind wir auch nirgends mehr allein.
An seine Verheißung wollen wir uns halten,
dann lässt er seine Gnade über uns walten.
Einmal wird Jesus wiederkommen,
dann werden ihn sehen nicht nur die Frommen.
Alle Knie werden sich dann vor ihm beugen,
doch bis dahin sind wir seine Zeugen.

Jesus und die Frau am Jakobsbrunnen Joh. 4, 1-42

Jesus war wieder wie so oft mit seinen Freunden unterwegs,
von Judäa nach Galiläa geht's.
Jesus blieb am Jakobsbrunnen sitzen,
vielleicht musste er auch etwas schwitzen.
Ausruhen wollte er sich da,
seine Freunde liefen noch bis zum nächsten Dorf sogar.
Etwas zum Essen wollten sie kaufen
und dann wieder zurück zu Jesus laufen.
Um die Mittagszeit kam eine samaritanische Frau auf den
Brunnen zu,
sie wollte Wasser holen, denn um diese Zeit hatte sie vor den
anderen Ruh.
Denn Juden und Samariter konnten sich nicht leiden,
deshalb taten sie sich auch meiden.
Jesus, er bittet die Frau, ihm einen Schluck Wasser zu reichen,
sie denkt, vielleicht sollte sie lieber von ihm weichen.
Doch sie fragt ihn: "Wie kannst du mich um Wasser bitten,
für einen Juden tut sich das doch nicht schicken?"
Jesus sagte zu ihr: "Wenn du wüsstest, was Gott schenken will!
Und wer dich jetzt um Wasser bittet, dann hättest du ihn um
Wasser gebeten,
und er hätte dir lebendiges Wasser gegeben."   (Joh. 4, 10)
Die Frau sagte, „Du hast doch keinen Eimer bei dir,
der Brunnen ist tief, wie willst du denn Wasser geben mir?"
Doch Jesus er sagte zu ihr: „Wer von dem Wasser aus dem
Brunnen trinkt,
wird immer wieder Durst haben.
Wer aber mein Wasser trinkt, wird niemals mehr über Durst
klagen!"
Mein Wasser wird ewiges Leben schenken,
vielleicht solltest du darüber nachdenken.
Solches Wasser wollte die Frau gleich besitzen,
das könnte ihr doch ganz viel nützen.
Nie mehr müsste sie zum Brunnen um Wasser zu tragen,
so etwas könnte sie den anderen Leuten auch sagen.
Nun sagte Jesus, sie sollte ihren Mann holen,
da saß sie jetzt doch wie auf heißen Kohlen.

Einen Mann hatte sie nun wirklich nicht,
das sagte sie ihm ins Gesicht.
Aber Jesus, er wusste alles von ihr,
von ihren fünf Männern und von dem, mit dem sie jetzt lebte hier.
Das Wissen dieses Mannes, wo kam es her?
Gerne hätte sie erfahren von ihm viel mehr.
Eine Weile hatte sie ihm noch zugehört
und was er sagte, es war nicht verkehrt.
Der versprochene Retter, das musste er sein,
er hatte es ihr gesagt, als sie war mit ihm allein.
Voll Freude ließ sie ihren Wasserkrug stehen,
sie musste ins Dorf- alle Leute sollten diesen Mann sehen.
Sie erzählte, dass der Mann sie gut kannte
und sich trotzdem nicht von ihr abwandte.
Der versprochene Retter er ist,
schaut ihn euch an, dass ihr es auch wisst.
Die Leute sind richtig neugierig geworden
und liefen zu Jesus aus ihren Orten.
Aus Überzeugung wussten sie jetzt klar,
dass dieser Mann der versprochene Retter war.
So ist diese Frau wohl zur ersten Missionarin geworden,
wir sollten es ihr gleich tun und von Jesus erzählen an unseren
Orten.

Johannes der Täufer

Johannes der Täufer, so wurdest du genannt,
bist bei vielen gut bekannt.
In der Bibel lesen wir von dir,
davon will ich berichten hier.
Deine Eltern Elisabeth und Zacharias waren,
sie bekamen dich erst in späten Jahren.
Von deinen Eltern lerntest du sicher viel über Gottes Willen,
konntest deinen Wissensdurst stillen.
Als junger Mann gingst du fort aus deinem Elternhaus,
zogst in die Einsamkeit der Wüste hinaus.
Von Heuschrecken und wildem Honig lebtest du da,
warum du das machtest ist mir nicht ganz klar.
Geschadet hat es dir sicher nicht,
vielleicht wurde etwas verwildert dein Gesicht.
Einige Zeit später lehrtest du die Menschen: „Ändert euer Leben,
nur so kann Gott euch Frieden geben!"
Auch hattest du den Menschen gesagt wie sie besser leben
sollten,
wenn sie das auch von Herzen wollten.
Getauft hattest du viele Leute im Jordan, das konnte man sehn,
manche blieben im Vorbeigehn stehn.
Sünde, die hast du beim Namen genannt,
dafür warst du in der ganzen Gegend bekannt.
Manche konnten dich deshalb nicht leiden
und dachten, hoffentlich wirst du nicht lange bleiben.
Doch du ließt dich von Niemandem stören,
alle Menschen sollten dich hören.
Dass Einer kommt, der ist mächtiger als du,
von ihm musstest du berichten, du gabst keine Ruh.
Du hattest die Menschen auf Jesus hingewiesen,
sofern sie sich das von dir ließen.
Dann kam der Eine auf den du gewartet und wollte sich von dir
taufen lassen.
Das er das von dir wollte, konntest du nicht fassen.
Als du ihn getauft, da hatte man vernommen,
es ist eine Stimme vom Himmel gekommen:
„Du bist mein lieber Sohn, an dem ich Freude habe!"

Ja, Jesus er war Gottes Gabe.
Der Heilige Geist kam auf Jesus herab sichtbar,
so steht's in der Bibel und das ist wahr.
Johannes, du hattest auch eine Schar Jünger um dich,
sie lernten viel von dir und freuten sich.
Ob Jesus wirklich Gottes Sohn war, du wurdest von Zweifel
geplagt,
wolltest es sicher wissen, hättest Jesus gerne selber gefragt.
Doch du konntest nicht, weil du im Gefängnis klagst,
als du ganz verlassen auf dem Boden lagst.
Weil du des Königs Schuld tatest aufdecken,
musste er dich ins Gefängnis stecken.
Deine Jünger hattest du geschickt, sie sollten zu Jesus gehen,
und ihn fragen und dir berichten was sie gesehen.
Jesus erzählte deinen Jüngern was er gemacht
und glücklich ist, wer nicht an ihm zweifelt, das hättest du nicht
gedacht.
Der König machte ein Fest,
dabei er Herodias Tochter tanzen lässt.
Zur Belohnung durfte sie sich etwas wünschen, egal was es wär,
und fiel es dem König auch noch so schwer.
So schnell fiel Herodias Tochter gar nichts ein,
deshalb musste ihre Mutter, des Königs Frau ihr Ratgeber sein.
Sie sagte, sie wollte den Kopf des Johannes des Täufers haben,
da war es aus für Johannes, das kann ich euch sagen.
Für Johannes war sein Leben dann zu Ende,
er konnte sein Leben nur legen in Gottes Hände.
Ein Wegbereiter für Jesus, das war er,
auch wenn er es im Leben hatte ganz schön schwer.
So wie Johannes sollten wir es auch wagen
und die frohe Botschaft von Jesus weiter sagen.
Johannes, er sprach viel vom Gericht,
davon ja auch Gottes Wort spricht.
Doch Jesu Liebe sollte alle Menschen erreichen,
damit sie mit ihm leben und nicht von ihm weichen.

Jona, warum wolltest du Gottes Auftrag nicht erledigen?
Und den Menschen von Ninive Gottes Strafgericht predigen.
Vor Gott dachtest du, du könntest dich verstecken,
er würde dich nicht finden in den entfernten Ecken.
Eine Schiffsreise machtest du,
hättest vor Gott so deine Ruh.
Vor Erschöpfung schliefst du auf dem Schiff gleich ein,
so könnte es für lange sein.
Doch Gott schickte einen mächtigen Sturm daher,
da fürchteten sich die Seeleute sehr.
Voll Angst sie dich aus dem Schlafe rissen,
warum sind die Götter so zornig, das wollten sie wissen.
Wer ist schuld an dem Unglück? Sie warfen das Los,
doch Jona, dich traf es bloß.
Du sagtest ihnen es wäre dein Versagen,
„werft mich ins Meer, ihr sollt es wagen."
Nach langem Überlegen haben sie es gemacht,
die Wellen wurden ruhig und das ganz sacht.
Jona wurde von einem Fisch verschluckt,
im dunklen Bauch er um sich guckt.
Für ihn war es wie lebendig begraben,
wie lange es dauern würde, konnte er nicht sagen.
Nun schrie er zu Gott in seiner Not,
er sollte ihm helfen vor dem Tod.
Drei Tage und Nächte war er schon im Bauch,
hatte viel Zeit zum Überlegen auch.
Bestimmt, wenn er die Chance hätte weiter zu leben,
würde er nach Ninive gehen und für Gott reden.
Und Gott befahl dem Fisch, er sollte Jona ausspucken an Land,
unser Jona, er hörte auf Gott, er jetzt alles verstand.
Er machte sich auf nach Ninive,
weil Gott noch einmal sagte: „Geh!"
Zu den Leuten sagte er: „Ändert euer Leben,
sonst wird es eine schwere Strafe geben!
Gott wird eure Stadt zerstören im Nu,
wenn ihr euch nicht ändert, ja hört nur gut zu!"
Jona, er wurde von Neugier getrieben,

er wollte sehen wie die Stadt in Schutt und Asche würde liegen.

Doch der König, ja Mensch und Vieh wollten Buße tun,
ihr Leben ändern und nicht ruhn.
Gott freute sich als er das gesehen,
verschonte die Stadt, ließ sie nicht untergehen.
Ja, Gottes Liebe ist unermesslich groß,
er liebt jeden Menschen, lässt ihn nicht los.
Jona, er ärgerte sich, weil Gott die Stadt nicht zerstörte,
er schimpfte vor Wut- aber Gott ihn hörte.

Mit seinen Worten hatte er Gott angeklagt,
ach Jona, das hättest du besser nicht gesagt.
Mit einer Rizinusstaude, weil sie verdorrte, hattest Mitleid mit ihr,
wie viel mehr hat es Gott mit den Menschen hier!
Ja lieber Jona, das musstest du erst begreifen,
durftest ein Stück innerlich reifen.
So geht es auch uns wenn wir nicht alles verstehen,
wir dürfen trotzdem im Vertrauen Gottes Wege gehen.

Vom Vater geliebt, von deinen Brüdern gehasst,
so war es bei dir täglich fast.
Deine Brüder beobachteten dich sehr,
weil euer Vater dich liebte viel mehr.
So etwas kann man nicht gut heißen
das wird sich im Leben auch beweisen.
Du lieber Josef machtest deine Brüder vor dem Vater schlecht,
auch wenn du dabei manchmal hattest recht.
Vom Vater bekamst du als Einziger ein prächtiges Gewand,
da dachten deine Brüder, das ist doch allerhand.
Von nun an konnten sie dich nicht mehr leiden,
des Vaters Liebling wirst du wohl bleiben.
Und als du noch anfingst mit deiner Träumerei,
hattest du keine Chance mehr- es war einfach vorbei.
Dachtest, deine Brüder würden sich vor dir verneigen,
ihre Abneigung, das konnten sie dir zeigen.
Ausgelacht wurdest du,
aber du gabst einfach keine Ruh.
Deine Brüder dachten, du müsstest verschwinden,
wenn sie dich mal alleine bei sich finden.
Die Gelegenheit kam, sie hatten entschieden,
im tiefen Brunnen, da sollst du liegen.
Ja lieber Josef nun hattest du nichts mehr zu lachen,
deine Brüder trieben doch ganz schlimme Sachen.
Und als eine Karawane daher kam des Wegs,
da verkauften sie dich, in ein fremdes Land nun geht's.
Dem Vater daheim erzählten sie, ein wildes Tier hätte dich
verschlungen,
da hat er sehr mit sich gerungen.
Das Leid um dich zerriss ihm fast das Herz,
so unsagbar schwer war der große Schmerz.
Doch du in dem Ägyptenland ,
stiegst die Karriereleiter empor, wurdest bekannt.
Du warst ein mächtiger Mann unter Potifar,
alles was du machtest gelang sogar.
Auch Potifars Frau fand dich toll,
sie wünschte sich, dieser Mann meiner werden soll.

Aber weil sie eines anderen Frau, wolltest du nichts von ihr wissen,
hast dich aus ihren Armen losgerissen.
Dann lieber Josef ging es dir schlecht,
musstest ins Gefängnis zu unrecht.
Aber Gott deinen Herrn hast du nicht vergessen,
auch wenn du lange im Gefängnis gesessen.
Doch auf einmal wurdest du wieder frei,
weil der Pharao begann mit der Träumerei.
Und was er träumte es ist fast zum Lachen,
es waren einfach zu komische Sachen.

Aus dem Nil stiegen Kühe empor,
was haben die bloß vor?
Sieben dünne Kühe fraßen die dicken Kühe auf,
das ist doch wirklich ein seltsamer Lauf.
Das gleiche er auch mit den Ähren sah,
da wachte er auf von seinen Träumen da.
Den Pharao ließen seine Träume nicht mehr los,
was haben sie zu bedeuten bloß?
Nun wurde gesucht nach klugen Leuten,
die wussten was diese Träume bedeuten.
So wurdest auch du aus dem Gefängnis vor den Pharao gebracht,
du solltest ihm sagen, was die Träume bedeuten von der Nacht.
Durch Gottes Hilfe erzähltest du die Bedeutung der Träume dem Pharao,
da wurde der Pharao richtig froh.
Er setzte dich als Unterkönig ein,
gab dir Macht und Befugnis, was du sagtest, so sollte es sein.
Dann wurden große Scheunen gebaut,
ja, jedermann dir vertraut.
Vorräte wurden gesammelt für spätere Jahre,
dass wenn die Hungersnot da ist, man hätte noch essbare Ware.

In Ägypten gab es noch Nahrung, das wurde über die Grenzen bekannt,
die Hungersnot brachte Josefs Brüder auch in dies Land.
Du lieber Josef erkanntest deine Brüder genau,
du warst ja auch besonders schlau.

Du fragtest die Brüder über vieles aus,
und wie es gehen würde zu Haus.
Die Brüder durften wieder gehen,
aber beim nächsten Mal wollte Josef den jüngsten Bruder
Benjamin sehen.
Schweren Herzens ließ Vater Jakob Benjamin mit,
das war für ihn kein leichter Schritt.
Josef hatte die Brüder zu sich eingeladen,
denn er wollte sie ganz für sich haben.
Dann gabst du dich ihnen zu erkennen,
die Brüder wussten nicht, wie sollten sie dich nennen.
Verneigten sich vor dir ganz tief,
Josefs Traum - die Erinnerung rief.
„Ihr gedachtet es böse zu machen mit mir,
aber Gott machte es gut für uns alle hier!"
Vater Jakob, er durfte es auch noch erleben,
wie sein Sohn Josef für alle wurde zum Segen.
Ihr durftet nun alle leben in dem Ägypterland,
ja Gott hielt auch dort über euch seine Hand.
Ein Stück Land hat euch der Pharao gegeben,
da konntet ihr alle glücklich leben.
Ja lieber Josef, du wurdest für die Menschen ein Segen,
hattest deinen Gott niemals aufgegeben.
Das wollen wir lernen Josef von dir,
standhaft zu bleiben, auch wenn es schwierig wird auf Erden hier.

Josua

Als Mose vom Berg kam nicht mehr zurück,
führtest du das Volk, mit dir hatten sie Glück.
Gott wollte dass du Moses Nachfolger bist,
er wird dich führen und leiten, er dich nicht vergisst.
Ja, Gott hatte dir etwas versprochen
und sein Versprechen hat er noch nie gebrochen.
Er will dich nicht verlassen noch von dir weichen,
das soll doch für dein Leben reichen.
Dieses Wort Gott heute noch zu uns sagt,
wenn wir uns darauf verlassen, dann keiner mehr klagt.
Noch ein anderes Wort hast du von Gott erhalten,
er lässt seine Gnade über dir walten.
„Siehe, ich habe dir geboten, dass du getrost und freudig seist,
lass dir nicht grauen und entsetze dich nicht,
denn der Herr dein Gott, ist mit dir in allem was du tun wirst."
Dieses Wort ist doch wunderbar,
Gott wird bei dir sein, das weißt du jetzt klar.
Josua, mit dir als Führer konnte das Volk nun gehen,
sie vertrauten dir, das konnte man sehen.
Nach langem Wandern hattet ihr die Stadt Jericho erreicht,
keine Andere dieser mächtigen Stadt gleicht.
Von dicken Mauern war sie umgeben,
ängstliche Gedanken euch im Kopf rum schweben.
Wie solltet ihr diese Stadt besiegen,
am Ende würden sie euch nur bekriegen.
Aber der Herr sprach zu dir, ihr sollt jeden Tag einmal um die
Stadt laufen,
mit der Bundeslade dabei, da musstet ihr ganz schön schnaufen.
Leise solltet ihr sein, ohne einen Ton,
die Leute in der Stadt dachten, was habt ihr denn davon?
Jeden Tag dasselbe Spiel,
so erreicht ihr doch nie euer Ziel.
Am siebten Tag, da konnte man euch sehen,
gleich sieben mal um die Stadt gehen.
Beim siebten mal hörte man die Posaunen und auch euer lautes
Geschrei,
da war es mit der Feste der Mauer vorbei.

Alle Mauern und Häuser stürzten ein,
so wollte es Gott, drum musste es sein.
Rahabs Haus auf der Mauer, das blieb stehen,
weil sie einigen Männern aus eurem Volk half, deshalb durfte es
nicht untergehen.
Die ganze Stadt war nun zerstört,
den Krach hatte man weithin gehört.
Die Israeliten konnten nun das Land bebauen,
sie werden auch glücklich sein, wenn sie auf Gott schauen.
Ruhe und Frieden kehrten nun ein,
doch es wird nicht immer so sein.
Immer wieder gab es Kriege hin und her,
doch sie blieben die Sieger, was wollten sie mehr.
Fremde Götter hielten Einzug bei ihnen,
dabei wollten sie doch dem lebendigen Gott dienen.

Josua wurde alt und betagt an Jahren,
doch mit Ermahnungen und Fürsorge tat er nicht sparen.
Das Volk, es sollte Gott die Treue versprechen,
es aber auch halten und nicht brechen.
110 Jahre ist Josua geworden, solange er lebte hatte das Volk
sein Versprechen gehalten.
Doch es ging wie bei uns, die Jungen hörten nicht mehr auf die
Alten.
Die alten Geschichten der Bibel wollen uns lehren,
wir sollten wieder mehr auf Gottes Wort hören.
Ich denke den Menschen würde es besser gehen,
wenn sie wieder mehr würden auf Jesus sehen.
Und sich an sein Wort würden halten,
dann ließe er auch seine Gnade walten.

Judas

Auch ein Freund Jesu warst du,
doch so richtig fandest du nie Ruh.
Du wolltest Ansehen und auch ein wenig Macht,
doch dein Weg mit Jesus hat es dir nicht gebracht.
Trotzdem bist du bei ihm geblieben,
vielleicht tatest du ihn auch ein bisschen lieben.
Man konnte ja mit Jesus erleben ganz viel,
wenn er auch hatte ein anderes Ziel.
Ihr solltet von ihm die Liebe Gottes erfahren,
und an Liebe tat er bestimmt nicht sparen.
Der Finanzbeamte in eurer Runde warst du,
Geld war für dich das Wichtigste, ich frag mich wozu?
Sicher, ihr brauchtet zum Leben auch allerhand,
das wissen wir auch heute, das ist uns bekannt.
Jesus hatte nicht immer nur Wunder getan,
ihr musstet manchmal auch mit fassen an.
Das Leben mit Jesus war sicher nicht immer leicht,
doch er hatte immer sein Ziel erreicht.
Manches konntet ihr nicht verstehen,
wolltet aber doch auf seinen Wegen gehen.
Ihr hattet ein Vorrecht, ihr konntet Jesus sehn,
durftet immer bei ihm stehn.
Wir Menschen von heute können das nicht,
viele glauben aber trotzdem was sein Wort zu uns spricht.
Judas, in einer Geschichte konnten wir lesen,
wie Maria ganz spendabel gewesen.
Mit kostbarem Salböl salbte sie Jesu Füße ein,
dich störte es, du warst fast gemein.
Für teures Geld hattest du es verkaufen wollen,
den Erlös hätte man den Armen geben sollen.
In Wirklichkeit ging es dir doch nur ums Geld,
ja, Geld regierte damals wie heute unsere Welt.
Warum ach Judas hängt dein Herz so daran?
Geld ist doch nicht alles, man so sagen kann.
Für Geld hast du Jesus verraten,
es war nicht schön, es wurde dein Schaden.
Dann warst du noch so scheinheilig bei eurem letzten Essen,

das wird bestimmt keiner so schnell vergessen.
Als Jesus sagte, „Einer von euch wird mich verraten,"
da erzähltest du nichts von deinen Taten.
Jeder dachte, das kann doch nicht gehen,
wir werden doch zu unserem Meister stehen.
Jesus sagte, „Der das Brot mit mir in die Schüssel taucht, der wird
es sein!"
Das warst du Judas - du ganz allein.
Du wolltest Jesus provozieren,
er müsse endlich mal regieren.
Er sollte seine Macht beweisen,
und das Volk einfach mit sich reißen.
Ja Judas, so hast du das vielleicht gedacht,
wolltest sicher selbst auch ein wenig Macht.
Jesus sagte, er wird zu seinem Vater in den Himmel gehen,
wenn wir an ihn glauben, werden wir ihn da sehen.
Doch du Judas dachtest nicht daran,
deshalb kamst du auf die schiefe Bahn.
Für 30 Silberlinge- das ist nicht viel,
dafür setzt du das Leben deines Meisters aufs Spiel!
Als du gesehen was du getan war schlecht,
wolltest du es rückgängig machen, und das zu recht.
Das Geld wolltest du nicht mehr haben,
konntest darüber nur noch klagen.
Doch das Geld, sie nahmen es nicht zurück,
damit hattest du gar kein Glück.
Es war deine Schuld was sie mit Jesus machten,
ja, dass sie ihm nach dem Leben trachten.
Was sie dann alles mit Jesus gemacht,
das hat dich zur Besinnung gebracht.
Am Kreuz starb er den bitteren Tod,
das brachte dich in innere Not.
Du wusstest nicht mehr aus noch ein,
nahmst dir das Leben- musste das sein?
Aus Liebe zu uns ließ Jesus sich ans Kreuz schlagen,
das wollte ich euch allen noch sagen.
Keine Schuld ist für Jesus zu groß,
dass wir sie durch ihn nicht würden los!
Die Verbindung zu Gott hat Jesus wieder hergestellt,

das ist doch das Beste was es gibt auf der Welt.
Durch seinen Tod dürfen wir ewig leben-
sollten wir unser Leben ihm nicht dafür geben?
Friede und Freude strömt dann in dein Herz,
mit ihm darfst du gehen stets himmelwärts.

Kain und Abel

Die Söhne Adams und Evas wart ihr,
ward so verschieden wie Geschwister auch hier.
Ihr konntet nicht mehr im Paradiese leben,
nein, ihr musstet arbeiten und eure Hände regen.
Von früh bis spät hattet ihr was zu tun,
ab und zu konntet ihr auch ausruhn.
Das Leben war hart, ihr habt es gespürt,
hätte die Schlange damals nicht Eva verführt.
Hätten, ach hätten das sagen auch wir,
wenn wie etwas falsch gemacht auf Erden hier.
Eure Eltern haben bestimmt oft darüber nachgedacht,
warum sie nicht hatten auf Gottes Gebot acht.
Rückgängig machen konnten sie es nicht mehr,
wie oft wünschten sie sich das Paradies wieder her.
Arbeit und Mühe war für euch angesagt,
manchmal ihr sicher darüber klagt.
Kain, du wurdest ein Bauer, das konnten deine Eltern sehen,
täglich konntest du auf deine Felder gehen.
Es war bestimmt eine schwere Arbeit für dich,
musstest dich plagen manchmal ganz fürchterlich.
Doch wenn alles gewachsen war, konntest ernten, hattest den Lohn
und schließlich hatten alle was davon.
Abel war ein anderer Typ wie Kain,
er wollte nicht so gern auf dem Acker sein.
Ein Hirte wurde Abel, hatte auf die Schafe Acht,
und das bestimmt bei Tag und Nacht.
Drohten den Schafen irgendwelche Gefahren,
da passtest du gut auf, wolltest sie davor bewahren.
Von euren Eltern hattet ihr erfahren,
Gott dankbar zu sein und damit nicht sparen.
Eure Dankbarkeit zeigtet ihr Gott anders als wir,
ihr opfertet auf einem Altar ein schönes Tier.
Ja, auch andere Gaben,
konnte Gott von euch haben.
Kain, vielleicht hast du manchmal gedacht,
Abel hätte es besser, er nicht so viel macht.

Einmal ward ihr bei den Opfergaben,
wolltet sie Gott schenken, er sollte sie haben.
Du Kain opfertest Gott nur aus Pflicht,
aber Gott sieht das Herz an, nicht nur das Gesicht.
Abel dagegen brachte Gott ein junges schönes Tier,
es ist für dich mein Gott, nimm es von mir.
Abels Opfer hatte Gott freudig angenommen,
aber mit Kains Opfer ist es nicht so gekommen.
Voll Zorn war auf einmal Kains Herz
und er überlegte, wie er Abel bereiten könnte Schmerz.
Eifersüchtig auf Abel das war er,
und zornig auf Gott noch viel mehr.
Gott sah die schlimmen Gedanken des Kain,
das durfte doch auf keinen Fall so sein.
Und Gott sprach zu Kain:
„Bist du fromm, so ist es angenehm, bist du aber nicht fromm,
so lauert die Sünde vor der Tür und nach dir hat sie Verlangen,
du aber herrsche über sie!"
Das hätte eine Warnung für Kain sein können,
aber seine finsteren Gedanken nahmen ihn gefangen.
Kain redete mit Abel, als sie auf dem Felde waren,
das taten sie des öfteren schon seit einigen Jahren.
Abel ahnte nichts von Kains bösen Gedanken,
sonst hätte er ihn gewiesen in seine Schranken.
Ahnungslos setzte er sich draußen hin,
dachte vielleicht, was hat Kain nur im Sinn.
Aber Kain was hattest du nur getan,
deinen Bruder erschlagen, sieh es dir an.
Warum oh Kain warst du nur so schlecht?
Dazu hattest du doch gar kein recht.
Gott im Himmel, er hatte alles gesehen,
du konntest nicht einfach fort gehen.
Gott fragte dich:" Wo ist dein Bruder Abel?"
„Soll ich meines Bruders Hüter sein?"
Dachtest ,dich hätte Keiner gesehen, ihr ward ja allein.
Aber Gott im Himmel, ihm bleibt nichts verborgen,
er kennt dein Heute und auch dein Morgen.
Die Strafe für Kain in seinem Leben,
Ruhe hatte ihm Gott nicht mehr gegeben.

Ruhelos musste er weiter leben,
sein Leben, es wurde nicht zum Segen.
Die Sünde, sie lauert auch vor unserer Tür,
ob wir sie einlassen, da kann jeder etwas dafür.
Wenn Gott dich fragt, „wo ist dein Bruder, deine Schwester,
dein Nächster" - ist es dir egal?
Du solltest an ihn denken allemal.
Nächstenliebe, das ist Gottes Gebot,
damit haben wir alle unsere Not.
Wir dürfen Gottes Hilfe in Anspruch nehmen
und die Liebe, die wir empfangen, weitergeben.

König Josia

König Josia ist nicht sehr bekannt
und doch kann man von ihm lernen allerhand.
Sein Alter erst acht Jahre zählte,
als man ihn zum König wählte.
Sehr jung war er, das ist uns klar,
trotzdem er schon König war.
Sein Amt, es war bestimmt nicht leicht,
doch er hatte ganz viel erreicht.
Mit 16 Jahren, wollte auf den Gott seiner Vorfahren hören,
da taten die Götzenbilder stören.
Zerstört wurden sie alle gleich-
man durfte keine mehr finden in seinem Reich.
Verschwinden mussten sie im ganzen Land,
er und das Volk sollten gehen an Gottes Hand.
Auch den Tempel ließ er renovieren,
damit man darin könnte jubilieren.
Den Gott seines Vorfahren David sollte jeder ehren
und keinem würde man es verwehren.
Im Tempel fand man die Gesetzesrolle,
die das ganze Volk hören solle.
Doch zuerst wurde sie dem König gebracht,
der hatte darüber nachgedacht.
Die Gesetze Gottes hatte das Volk nicht eingehalten,
deshalb konnte Gott mit seiner Liebe auch nicht walten.
Für seine Untreue würde das Volk noch büßen,
aber erst nach dem Tod des Königs, dann werden sie es erleben
müssen.
Was in dem Gesetzbuch stand, sollte die ganze Bevölkerung
erfahren,
damit sie erkannten, auf falschen Wegen sie waren.
Der König und das Volk, sie hatten Gott nun versprochen,
seine Gesetze zu halten und das wurde nicht gebrochen.
Als der Tempel wieder fertig war, feierten sie das große
Passahfest,
der König das ganze Volk daran teilnehmen lässt.
Es wurde gefeiert und man brachte Gott viele Opfergaben,

ja, er sollte das Beste haben.
Die Priester und Leviten hielten alle Vorschriften ein,
deshalb ließ sie Gott auch nicht mehr allein.
Der König, er hörte auf Gottes Rat
und es ging ihm gut in der Tat.
Doch einmal, als der Pharao Necho aus Ägypten mit seinem Heer
durch sein Land ziehen sollte,
es König Josia nicht haben wollte.
Der Pharao ließ dem König Josia sagen,
Gott stehe auf seiner Seite, er dürfte ihn nicht behindern, er sollte
es nicht wagen.
Tot würde er sein, sollte er nicht hören,
doch Josia ließ sich dadurch nicht stören.
Er wollte es auf keinen Fall haben,
dass der Pharao mit seinem Heer durch sein Land zieht mit ihren
Wagen.

Als verkleideter Soldat zog er ihnen entgegen,
da wurde er verwundet, er konnte sich nicht mehr regen.
Seine Soldaten wollten ihn nach Jerusalem bringen,
unterwegs musste er mit dem Tode ringen.
Ja, sein Ungehorsam kostete ihm das Leben,
da war es aus mit Gottes Segen.
Die Trauer im Land, die war groß,
weil sie ihren König mussten lassen los.
Sein Sohn Joahas wurde König, aber er wollte von Gott nichts
wissen,
jetzt würde das Volk die Strafe büßen müssen.
Josia hatte so einen guten Anfang gemacht,
sein Leben hat er unter Gottes Führung verbracht.
Doch sein Ende, wir können nicht verstehn,
warum wollte er Gottes Weg nicht sehn?
Uns geht es im Leben doch auch oft so,
wir hören auf Gott und sind dann auch froh.
Doch wenn etwas nicht läuft nach unserem Plan,
bleiben wir dann noch immer an Gott dran?
Manchmal ist es bestimmt nicht leicht,
doch nur mit ihm man das Ziel erreicht.

Maria und Martha

Zwei Geschwister, die ganz verschieden waren,
vielleicht rauften sie sich auch mal an den Haaren.
Davon steht nichts in der Bibel, wir können es nicht lesen,
aber vielleicht ist es trotzdem mal so gewesen.
Martha war eine Schaffensnatur,
vom Ausruhen, davon hielt sie nicht mal die Spur.
Bis im Haus immer alles tipp topp war,
das war viel Arbeit, das ist doch klar.
Kochen, waschen und putzen, das musste doch sein,
damit alles wäre sauber und rein.
Kommt dann unverhofft mal Besuch,
müsste man nicht erst suchen nach einem Staubtuch.
Lazarus, ihr Bruder, war auch noch da,
er stand den beiden Schwestern nah.
Jesus und seine Freunde kamen öfters vorbei
und begrüßten freundlich alle drei.
Martha verwöhnte sie mit leckeren Speisen,
deshalb konnten sie sich nicht so schnell losreißen.
Maria war eine Genießerin,
sie setzte sich zu Jesu Füßen hin.
Sie hörte Jesus gerne zu,
dabei fand sie innere Ruh.
Aber Martha dachte, das geht zu weit,
deshalb sie nach Maria schreit.
Helfen sollte Maria der Martha heut,
darüber sich Martha ganz bestimmt freut.
Deshalb sagte sie Jesus ins Gesicht,
„Maria sitzt bloß da, aber helfen tut sie nicht."
Aber Jesus sagte: "Maria hat das gute Teil erwählt,
nicht nur die Arbeit, die ihr Sorge und Mühe macht, zählt."
Der Mensch lebt nicht von Brot allein,
auch von Gottes Wort so sollte es sein.
Wie oft hält uns auch heute die viele Arbeit ab von Gottes Wort,
der Stress und die Arbeit, so geht es weiter in einem fort.
Dabei sollten wir es öfters wie Maria machen,
und uns Zeit nehmen für die wichtigen Sachen.
Das Wichtigste, solltet ihr mich fragen,

von der Liebe Jesu den anderen Menschen sagen.
Unser Leben soll ein Zeugnis für Jesus sein,
er wird uns leiten, wir sind nicht allein.

Mose

Ach Mose, du hattest keinen guten Start,
schon als Baby war dein Leben hart.
Man musste dich ganz gut verstecken,
damit die Soldaten dich nicht entdecken.
Deine Geschwister mussten halten dicht,
dass ja keiner von dir spricht.
Sonst, lieber Mose, wäre es um dich geschehen,
sie hätten dir dein Leben genommen, du müsstest gehen.
Aber deine Mutter, sie hatte dich lieb,
ihre Liebe sie an das Schilfmeer trieb.
Aus Binsen flocht sie ein Körbchen fein,
sie musste dich schnell legen hinein.
Schweren Herzens brachte sie dich zum Fluss,
ein anderer auf dich Acht geben muss.
Sie vertraute dich dem Gott des Himmels an,
er für dich jetzt sorgen kann.
Und er sorgte, das war einfach wunderbar,
brachte dich zur Prinzessin, ja das ist wahr.
Sie zog dich aus dem Wasser heraus,
wollte dich gerne nehmen mit nach Haus.
Doch du hattest Hunger, fingst jämmerlich an zu schrein,
da kam deine Schwester Miriam ins Spiel hinein.
Sie brachte deine Mutter, die konnte dich stillen,
das war auch der Prinzessin Willen.
Für einige Zeit durftest du noch zu Hause bleiben,
dann musstest du ins Schloss, manche würden dich beneiden.
Die beste Erziehung hast du genossen,
stiegst die Erfolgsleiter hoch so manche Sprossen.
Doch dein Volk, es wurde sehr geplagt,
das wurde dir bestimmt gesagt.
Voll Wut, als du es hast gesehen,
schlugst du einen Ägypter tot, dachtest, der müsste gehen.
Doch dann musstest du aus dem Land verschwinden,
sonst könnte man dich im Gefängnis finden.
Ja lieber Mose, die Zeit im Schloss, die war nun aus,
du wurdest Hirte, gingst aufs Feld hinaus.
Lange Zeit warst du schon fort,

doch Gott brauchte dich, er fand dich dort.
Am brennenden Busch sprach Gott zu dir,
„Zieh deine Schuhe aus, der Ort ist heilig hier.
Mose, du musst zu deinem Volk zurück,
sollst mein Volk befreien, das wird ihr Glück."
Doch Mose, du wolltest gar nicht gehen,
konntest sich doch beim Pharao nicht lassen sehen.
Auch das Reden fiel dir schwer,
da schickte Gott deinen Bruder Aaron, der redete mehr.
Der Pharao sollte dein Volk lassen los,
doch wer machte dann ihre Arbeit bloß.

Nein, er ließ dein Volk gehen,
viele Strafen konnte man dann sehen.
Nach vielen Strafen und viel Verdruss,
ließ er dein Volk doch ziehen zum Schluss.
Befreit ward ihr nun von der Sklaverei,
ihr zogt los, Gott war mit dabei.
Gott versorgte die Menschen, das war gut,
auch du bekamst wieder Mut.
Das viele Wandern, es war oft schwer.
Es dauerte so lange, ihr wolltet nicht mehr.
Doch dann kam der Pharao, ihr solltet zurück,
Gott führte euch durchs Meer, das war euer Glück.
Trockenen Fußes kamt ihr auf der anderen Seite an,
ihr konntet nur Gott danken für das, was er getan.
Aber der Pharao mit seinem Heer,
sie ertranken alle im Roten Meer.
Weiter ging es: Mose du musstest noch viel ertragen,
das ganze Volk mit ihrem Schimpfen und Klagen.
Manchmal warst du am Verzweifeln schier,
doch Gott half, er war bei dir.
Auch dein Volk konnte ihn sehen,
als Wolke und Feuersäule blieb er bei euch stehen.
Eure Wanderung euch zu dem Berg Sinai führte,
dann Gottes Stimme an dein Herz rührte.
Du solltest steigen zu ihm auf den Berg,
er wollte dir dort geben sein Werk.
Die 10 Gebote - auf Tafeln hat er sie geschrieben,

als Richtschnur, so sehr tat er euch lieben.
Doch weil du so lange warst fort,
dachte dein Volk du wärst tot dort.
Dein Bruder Aaron sollte nun Führer sein,
doch er war zu schwach, konnte sich nicht durchsetzen allein.
Die Menschen wollten einen Gott zum Anfassen haben,
dazu opferten sie ihre goldenen Gaben.
Ein goldenes Kalb, ihr neuer Gott, wurde daraus gegossen,
und damit ist die Liebe zum lebendigen Gott verflossen.
Ach ihr Menschen, was habt ihr nur getan,
ist das denn ein Gott, schaut ihn euch an.
Lieber Mose, du kamst zu spät zurück,
das Volk war begeistert vom vermeintlichen Glück.
Zorn und Wut ergriffen dich nun,
warfst die Tafeln zu Boden, konntest einfach nicht ruhn.
Gott bestrafte das Volk, es war sehr schlimm,
ihr musstet 40 Jahre durch die Wüste ziehn.
Nur eure Kinder kamen ins Verheißene Land,
Josua, ihr Führer, ganz fest zu Gott stand.
Du lieber Mose, du durftest es nur sehen,
aber auch du konntest nicht mit hinein gehen.
Auf dem Berg Sinai ging dein Leben zu Ende,
doch Gott nahm dich auf in seine Hände.

Nabot hatte einen Weinberg, er war sein,
den hatte er von seinen Vorfahren geerbt, er gehörte ihm allein.
Doch König Ahab wollte ihn gerne haben,
er bot Nabot dafür andere Gaben.
Geld oder einen anderen Weinberg könnte er dafür besitzen,
das würde ihm doch sicher viel mehr nützen.
Aber Nabot wollte das Erbe seiner Vorfahren nicht hergeben,
niemals in seinem Leben.
Voll Zorn ging König Ahab in seinen Palast zurück,
warum hatte er bei Nabot kein Glück?
Mit seinem Vorhaben war er bei Nabot gescheitert,
das nicht gerade sein Gemüt erheitert.
Seine Frau Isebel sagte: "Bist du König oder nicht?
Ich nehme die Sache in die Hand, damit du nicht verlierst dein
Gesicht.
Eigentlich könntest du deine Macht beweisen
und den Weinberg einfach an dich reißen.
Aber da du nicht weißt wie man das macht,
habe ich mir schon einen Plan ausgedacht."
Und was sie dann machte, war für Nabot ganz schlecht,
obwohl er doch war in seinem Recht.
Die einflussreichen Leute der Stadt Jesreel hatte sie bestochen
und eine Bußversammlung einberufen, da wurde Recht
gesprochen.
Nabot, er wurde auch geladen,
er wusste nicht, dass man ihm da wollte schaden.
Was man ihm vorwarf, das ist nicht zu fassen,
er hätte Gott und dem König gelästert und wollte davon nicht
lassen.
Das könnte doch nicht ungestraft bleiben,
man müsse ihn vor die Stadt treiben.
Mit Steinen bewarf man ihn bis er war tot,
ja er litt dadurch ganz viel Not.
Glücklich und zufrieden kehrte Isebel wieder heim,
der Weinberg gehöre jetzt dem König Ahab, ja er wäre sein.
Tot wäre Nabot, das wollte sie ihm sagen,
also bräuchte er nicht mehr um den Weinberg klagen.

König Ahab gleich in den Weinberg ging
und überlegte was er damit anfing.
Einen Gemüsegarten wollte er daraus machen,
da könnte man anbauen verschiedene Sachen.
Von Grund auf böse warn Isebel und er,
darum musste sie Gott bestrafen schwer.
Isebel, die ihren Mann zum Götzendienst verführte,
sie besonders die Strafe Gottes spürte.
Ihr Körper wurde von Hunden aufgefressen,
danach hatte man sie ganz schnell vergessen.
Als König Ahab von dem Propheten Elia Gottes Strafe für sich
hörte,
er sich darüber nicht mal empörte.
Es reute ihn was er getan,
deshalb zog er ein Sacktuch an.
Auch fastete er und ging bedrückt umher,
ja das Leben fiel ihm auf einmal schwer.
Und Gott sah was Ahab tat,
deshalb verschonte er ihn so lange er lebte, von dem was er dann
später tat.
Das Unheil brach dann über seine Nachkommen herein,
das muss ganz fürchterlich gewesen sein.
Wenn das Böse in unserem Leben gewinnt die Überhand,
dann haben wir Gott wohl nicht gut gekannt.
Vielleicht sollten wir uns wieder neu besinnen
und ein Leben mit Jesus beginnen.
Ein Leben ohne Gott wird immer unser Schaden sein,
wir werden es einmal merken, jeder für sich allein.
Wenn du aber willst ewig leben,
darfst du dein Leben Jesus geben.

Naemann

In Syrien warst du zu Haus,
Erfolg machte dein Leben aus.
Du warst ein erfolgreicher Heerführer,
ganze Armeen standen unter deinem Kommando, ja du warst ein stolzer Syrer.
Ein schönes zu Hause hattest du
und eine Frau, die dich liebte dazu.
Ja, sie sorgte sich um dich,
denn dein Beruf, er war auch sehr gefährlich.
Deine Frau, wie oft musste sie um dich bangen,
doch immer wieder durftet ihr neu anfangen.
Wenn du unversehrt kamst von einer Schlacht zurück,
ihr freutet euch sehr, ihr hattet Glück.
Einmal hatten deine Soldaten bei ihren Raubzügen Gefangene gemacht
und sie in euer Land gebracht.
Ein kleines Mädchen war unter den Gefangenen dabei,
du nahmst sie mit nach Hause, eine Gehilfin für deine Frau sie sei.
Ja, bei euch zu Hause war alles gut,
bis eine schlimme Krankheit dir nahm jeglichen Mut.
Aussatz, dein Todesurteil war gesprochen,
auch wenn es sich hinzieht über viele Wochen.
Bald müsstest du deine Frau verlassen,
es war so schwer, ihr konntet es beide nicht fassen.
Hilfe für dich, wer könnte sie dir geben?
Du würdest viel dafür zahlen, denn du wolltest leben.
Keiner wusste für dich einen Rat,
du wärst auch bereit für eine Tat.
Das kleine Mädchen aus dem anderen Land,
welches eure Sprache noch nicht richtig verstand.
Sie wusste von einem Propheten Elisa, ihn solltest du nach Hilfe fragen,
er könnte dich heilen, geh zu ihm, du könntest es wagen.
Also machte sich Naemann mit Geschenken beladen auf den Weg,
seine Reise nach Samaria zu dem Propheten Elisa geht.

Mit den nötigen Papieren konntest du in das Land reisen,
selbst der König Joram wollte dich nicht aus seinem Land weisen.
Auch wenn er nicht wusste, was das bedeuten soll,
sein Herz war von Sorge voll.
Wie konnte ein Mann mit Aussatz es wagen
und ihn um Hilfe fragen?
Doch Elisa hatte schon von Naemann gehört,
er schickte einen Mann zu ihm, dass er den König nicht länger
stört.
Ja, Gott wollte seine Macht beweisen,
dass Naemann konnte wieder gesund heim reisen.
Und als du dann standest vor Elisas Tür,
schickte er seinen Diener Gehasi, du konntest nichts dafür.
Was er dir sagte, es ist fast zum Lachen,
du solltest im Jordan siebenmal untertauchen, das solltest du
machen.
So ein Schwachsinn, im dreckigen Jordan baden,
da könntest du auch zu Hause im sauberen Wasser waten.
Voller Wut wolltest du schon nach Hause fahren,
doch deine Diener taten mit Überredungskünsten nicht sparen.
Was hattest du denn noch zu verlieren,
du könntest es wenigstens mal probieren.
Also stieg Naemann in das Wasser hinein,
er glaubte nicht daran, aber es sollte wohl sein.
Siebenmal untertauchen musste er,
am Anfang fiel es ihm schon etwas schwer.
Als er das siebte Mal gebadet hatte, da ist es geschehn,
man konnte keinen Aussatz mehr sehn.
Freudig kehrtest du zu Elisa zurück,
du wolltest ihm danken für all das Glück.
Deine Geschenke wolltest du ihm geben,
damit auch er könnte glücklich leben.
Aber Elisa wollte sie nicht haben,
überhaupt nichts von all den Gaben.
Gott hatte es getan, der Dank gebührt ihm,
vor ihm solltest du dich niederknien.
Vergessen wollte Naemann diesen Gott nicht,
auch in seinem Land er Gebete zu ihm spricht.
Voller Freude zog Naemann nun wieder heim,

der Gott Israels sollte immer bei ihm sein.
Aber Gehasi, ihn ließen die Geschenke nicht los,
er wollte welche haben, ein wenig reich sein bloß.
Also rannte er den Abreisenden hinterher,
erzählte ihnen eine Lüge das war nicht so schwer.
Die Geschenke hatte er schnell versteckt,
damit sie Elisa nicht entdeckt.
Elisa fragte ihn, „Wo bist du gewesen?"
Wieder eine Lüge, man konnte es in seinem Gesicht lesen.
Als Strafe für seine Lügen bekam den Aussatz des Naemann nun er,
sein Leben würde werden ganz schön schwer.
Zu lügen das ist überhaupt nicht gut,
aber immer die Wahrheit zu sagen, dazu gehört manchmal auch Mut.
Mut, das braucht man um mit Jesus zu leben,
aber nur so wird unser Leben zum Segen.

Nikodemus

Einer der führenden Männer ein Pharisäer er war,
er hatte viel Wissen das war doch klar.
Geachtet wurde er von vielen Leuten,
seine Meinung war wichtig, hatte was zu bedeuten.
Deshalb ist er heimlich in der Nacht zu Jesus gegangen
und hatte mit ihm ein Gespräch angefangen.
Er wollte vieles von Jesus wissen,
deshalb hatte er viel fragen müssen.
Auch wusste er, Gott hatte Jesus gesandt,
seine Taten waren ihm bekannt.
Von seinen Wundern hatte er gehört,
die anderen Pharisäer es sehr stört.
Sie dachten, Jesus, er nimmt Gott die Ehre
und so etwas sich nicht gehöre.
Doch Nikodemus war anders, trotzdem traute er sich nicht,
öffentlich sich zu Jesus zu bekennen, da verlöre er doch sein
Gesicht.
In der Nacht konnte er schon zu Jesus kommen,
da würden es auch nicht merken die Super-Frommen.
Mut, den brauchte er schon dazu,
aber seine Fragen ließen ihn nicht in Ruh.
Wie konnte ein Mensch von Neuem geboren werden?
Das könnte doch nicht gehen bei uns auf Erden.
Man könnte doch nicht gehen in den Leib der Mutter zurück,
damit hätte man doch sicher kein Glück.
Wie sollte man das denn nur verstehen,
und würde das überhaupt gehen?
Jesus erklärte es ihm mitten in der Nacht,
dass er sich so viel Zeit für ihn nimmt, das hätte er nicht gedacht.
Jesus sagte: "Du musst geboren werden aus Wasser und Geist,
ewiges Leben dir dann Gott verheißt!"
Von Neuem geboren, das kann man nur durch Jesus Christ,
wenn er die Mitte unseres Lebens ist.
Jesus erklärte Nikodemus noch ganz viel,
wenn er an ihn glauben würde hätte er ein Ziel.
Jesus würde für die Schuld der ganzen Menschen sterben,
damit jeder könnte ewiges Leben erwerben.

Zu Nikodemus sagte Jesus: "Wer an ihn glaubt kommt nicht ins Gericht,"
das ist doch echt super, was Jesus da verspricht.
Nikodemus hatte das was Jesus sagte noch lange bewegt,
ob sich dadurch auch in unserem Inneren etwas regt?
Vielleicht denkst du, du könntest es schon mit Jesus wagen,
aber den anderen würdest du nichts davon sagen.
Erst mal probieren ob das für dich auch geht
und ob Jesus wirklich zu seinem Wort steht.
Wenn Jesus uns erfüllt, dann brauchen wir keine Heimlichkeiten,
wir wissen es sicher, sein Geist wird uns leiten.
Wir sollten mutiger wie Nikodemus sein,
unser Leben sollte ein Zeugnis werden für Jesus allein.
Jesus sagt: "Wer mich bekennt vor den Menschen,
den will ich auch bekennen vor meinem himmlischen Vater!"
Durch das Bekennen werden wir also mit Gott bekannt,
unser Leben- es steht doch in seiner Hand.

Noah

Herr Noah, wir kennen dich aus der Bibel gut,
du brauchtest in deinem Leben ganz viel Mut.
Was du so alles hast getan,
das wollen wir ein wenig schauen an.
Du warst ein Mann der auf Gott hörte,
auch wenn es so manchen damals störte.
Befolgtest das, was Gott von dir wollte,
auch wenn es unbegreiflich sein sollte.
Mit dem Bau der Arche wurdest du bekannt,
man liest das von dir sogar bis heute in fast jedem Land.
Was hast du damals nur gedacht,
als Gott dir den Auftrag hat gebracht?
Ohne Wasser weit und breit, doch du bautest ein Schiff,
mancher Mensch, der das sah, sich an den Kopf griff.
Verspottet wurdest du, das ist doch klar,
doch du hieltest zu Gott, weil es sein Wille war.
Wie viel Arbeit hat es euch gemacht,
bis es endlich fertig- dann war es eine Pracht.
So ein großes Schiff konnte man nur bei dir sehen,
und schon bald sollte es auf die Reise gehen.
Aber bevor es los ging musstet ihr noch allerhand besorgen,
Futter für die Tiere, Wasservorräte, Arbeit gab es genug für heute
und morgen.
Endlich war alles im Schiff verstaut,
dann kamen die Tiere, ihr nur so schaut.
Paarweise zogen sie an euch vorbei,
gingen in die Arche zwei und zwei.
Auch ihr durftet in die Arche gehen,
Gott schloss die Türe, euch zur Rettung, ihr konntet es sehen.
Dann kam der Regen, er hörte gar nicht mehr auf,
das Schiff begann zu schwimmen, alles nahm seinen Lauf.
Es war ganz schlimm was dann geschah,
Gott löschte alles Leben aus, man nichts mehr sah.
Die Strafe für der Menschen Bosheit, das hatten sie nun davon,
ihr Leben war zu Ende, das war der Lohn.
Nur Noah mit seiner Familie, sie waren geborgen,

Gott nahm sie in Schutz er wollte für sie sorgen.
Lange trieben sie auf dem Wasser dahin,
sie wussten nicht wohin sie ziehn.
Die Zeit wurde lange, der Gestank war groß,
wann werden wir die Arche denn wieder los?
Noah voll Erwartung ließ eine Taube fliegen,
bringt sie uns etwas mit, werden wir neues Leben kriegen?
Die Taube kam wieder, brachte ein Ölblatt mit,
jeder wollte es sehen, das war der Hit.
Die Freude trieb nun alle um,
dann gab es einen Ruck, die Arche hing krumm.
An einem Berg ist sie hängen geblieben,
ihre Fahrt war zu Ende, da blieb sie liegen.
Voll Freude stürmten alle zur Arche hinaus,
das Leben in der Enge, es war endlich aus.
Unser Noah, voll Dankbarkeit war sein Herz,
baute einen Altar, richtete seinen Blick himmelwärts.
Gott freute sich über Noah, deshalb schloss er einen Bund,
er wird die Erde erhalten, das gilt bis zur heutigen Stund.
Als Zeichen, damit es alle sehn,
machte er den Regenbogen, ließ ihn in den Wolken stehn.
Wenn wir ihn sehen, dürfen wir uns freuen daran,
Gott hält sein Versprechen, er hat es immer getan.

Petrus

Petrus, dich hätte ich schon gern mal gefragt,
warum hast du ein Leben mit diesem Wanderprediger gewagt?
Verlässt deinen Beruf, deinen sicheren Stand,
läufst einem Mann hinterher, das ist doch schon allerhand.
Auf was für ein Wagnis hast du dich da eingelassen,
wahrscheinlich kannst du es selbst nicht fassen.
Wenn Jesus uns ruft und sagt: „Folge mir!",
ob wir dann gehorchen, das liegt bei jedem selbst- also auch bei dir.
Was hatte Petrus mit Jesus alles erlebt,
lies in der Bibel, da viel von ihm steht.
Ein wenig aus seinem Leben will ich berichten
und nichts Neues dazu dichten.
Petrus war einer von Jesu Freunden,
das hatte für ihn schon was zu bedeuten.
Alle Wunder Jesu erlebte Petrus mit,
er folgte ihm auf Schritt und Tritt.
Einmal fuhren sie auf Jesu Wort hin, bei Tag zum Fischen hinaus,
für Petrus, der ein Fischer war, war das bestimmt ein Graus.
Doch Petrus vertraute seinem Herrn,
wenn er gefahren auch nicht so gern.
Aber was dann geschah, es war nicht zu fassen,
so viele Fische hatten sich fangen lassen.
Man brauchte Hilfe um sie an Land zu bringen,
Jesus verstand auch etwas von solchen Dingen.
Er heilte Blinde, Lahme konnten wieder gehen,
ja, sogar Tote konnten wieder auferstehen.
Was Jesus alles tat, das war schon eine Wucht,
so einen Mann hätten wir auch gleich gebucht.
Jesus erzählte den Menschen und lehrte viel,
vom seinem Vater im Himmel, das war sein Ziel.
Petrus zog mit Jesus durch Stadt und Land,
so wurde Jesus überall bekannt.
Viele Menschen wollten Jesus sehen,
manche mussten dazu weite Wege gehen.
Jesus war sich für Keinen zu fein,
er kehrte sogar bei den Zöllnern ein.

Mit zwei Fischen und fünf Broten machte er Tausende satt,
das war ein Wunder, ich sag es euch glatt.
Sie erkannten in Jesus Gottes Sohn,
er verließ den Himmel und seinen Thron.
Das Leben mit Jesus war ein Abenteuer,
manchmal war es auch nicht geheuer.
Jesus erzählte ihnen auch von seinem baldigen Tod,
doch sie verstanden nichts von all seiner Not.
Er sagte, einer aus ihrer Reihe würde ihn verraten,
das konnte doch nicht sein nach all seinen Taten.
Zu Petrus sagte er, ehe der Hahn kräht wirst du mich nicht mehr kennen,
ja, du wirst nicht mal meinen Namen nennen.
Petrus sagte zu Jesus „nein das kann nicht sein,
ich halte immer zu dir und stünde ich allein".
Was sagen wir, wenn uns einer fragt, ob wir Jesus kennen?
Haben wir nicht auch Angst und wollen uns nicht zu ihm bekennen?
Im Garten Gethsemane waren sie wieder einmal gewesen,
doch Jesus hatte Angst, man konnte es in seinem Gesicht lesen.
Sie liefen mit Jesus in den dunklen Garten hinein,
er wollte allein mit seinem Vater sein.
Beten sollten sie für ihn,
doch ihnen fielen die Augen zu schon beim Knien.
„Wachet und betet", so sagte er,
sie konnten nicht wachen, es war zu schwer.
Müde schliefen sie wieder ein,
plötzlich wachten sie auf vom hellen Schein.
Soldaten stürmten auf sie zu,
da hatte keiner von ihnen mehr Ruh.
Vorneweg lief Judas, sie konnten ihn sehn.
Doch warum kam er mit den Soldaten? Das konnten sie nicht verstehn.
Mit einem Kuss begrüßte er ihren Herrn,
die Soldaten hielten sich noch etwas fern.
Ihren Meister wollten gefangen abführen,
da musste man sich doch rühren.
Mit seinem Schwert schlug Petrus einfach drauf los,
das Ohr eines Soldaten war ab, auf der Erde lag's bloß.

Hoffentlich würden sie jetzt schnell verschwinden,
und ihren Herrn nicht an sich binden.
Aber Jesus, was tat er, ist das denn zu fassen,
er nahm das Ohr, hat den Soldaten wieder heil werden lassen.
Dann sagte Jesus noch „stecke dein Schwert wieder ein,
sie werden mich gefangen nehmen, das muss so sein"
Zum Hohenpriester Kaiphas wurde Jesus gebracht,
die Soldaten hielten im Hofe beim Feuer die Wacht.
Petrus schlich sich auch zum Hof hinein,
was werden sie mit Jesus machen, ach er ist so allein.
Es war so kalt, Petrus ging leise ans Feuer heran,
irgendetwas zog ihn in seinen Bann.
Beim Feuerschein erkannten sie sein Gesicht,
„du bist doch auch einer, der von Jesus spricht?"
Ach nein er wollte ihn nicht kennen,
nicht mal seinen Namen nennen,
Dann krähte der Hahn, es fiel ihm wieder ein,
wie konnte er nur so ein Feigling sein?
Einen Blick Jesu konnte er noch erhaschen,
dann musste er seine Tränen laufen lassen.
Bitterlich weinend schlich er in die Nacht hinaus,
was er getan hatte, es war ein Graus.
Alle deine Freunde haben dich verlassen
und irren irgendwo in den dunklen Straßen.
Doch du Jesus, du wurdest verhört,
dabei hast du Keinen im Leben gestört.
Dich wollten sie einfach nur umbringen
und das sollte ihnen auch gelingen.
Jesus wurde zum Gouverneur Pilatus gebracht,
der hat mit dem Verhör weiter gemacht.
Pilatus fand keine Schuld an ihm,
am liebsten ließe er ihn wieder ziehn.
Aber er war zu schwach um sich gegen das Volk zu wehren,
er würde sie eines anderen belehren.
Aus Angst um seine Macht saß er wie auf Kohlen,
deshalb ließ er den Schwerverbrecher Barabbas holen.
„Einen von ihnen gebe ich euch frei,
ihr dürft wählen welcher es sei".
Im Stillen dachte er, sie würden Jesus wählen,

er konnte sich doch zu den klugen Köpfen zählen.
Doch das Volk entschied anders, das konnte er nicht verstehn,
sie wollten Jesus am Kreuze sehn.
Jesus, er wurde verspottet, misshandelt schwer,
bis er hatte fast keine Kraft mehr.
Sein Kreuz musste er dann noch selber tragen,
seine Kräfte taten ihm da versagen.
Auf Golgatha endlich angekommen,
wurde ihm auch noch seine Würde genommen.
An das Kreuz wurde er mit Nägeln geschlagen,
es waren unsagbare Schmerzen, das kann ich euch sagen.
Und das alles ertrug er für dich und für mich,
hat sein Leben gegeben so sehr liebt er dich.
Der tote Jesus wurde in ein Grab gebracht,
Soldaten hielten davor die Wacht.
Doch etwas Unsagbares ist dann geschehn,
Jesus er konnte wieder auferstehn.
Viele haben ihn gesehn,
manch konnte ein Stück des Weges mit ihm gehen.
Auch Petrus hatte mit ihm gesprochen,
am See Genezareth, er hatte ja was verbrochen.
Jesus, er fragte ihn drei Mal, „hast du mich lieb?"
Vor Scham ihm fast die Sprache weg blieb.
Er wusste doch dass er ihn lieb hatte,
aber er wollte es hören, wie er es sagte,
So war nun alles zwischen ihnen wieder klar,
sein Herz wurde wieder froh, ja das ist wahr.
Noch einige Zeit blieb Jesus bei ihnen auf Erden,
dann ging er zu seinem Vater, was sollte aus ihnen nur werden?
Jesus, er wollte ihnen einen Tröster senden,
er würde ihre Ängstlichkeit dann wenden.
An Pfingsten ist es dann geschehen,
sie konnten in fremden Sprachen reden, alle konnten sie
verstehen.
Sie brauchten sich nicht mehr verstecken,
sein Geist tat neue Kräfte in ihnen wecken.
Was Jesus auf Erden für sie getan,
das erzählten sie allen, fingen gleich damit an.
Er hatte versprochen immer bei ihnen zu sein,

damit sie niemals sind allein.
Manchmal hatten sie es auch schwer,
man wollte nichts von Jesus hören mehr.
Mundtot wollten man sie machen,
da gab es für sie oft nichts zu Lachen.
Gefängnis und Schläge mussten sie ertragen,
es war nicht leicht, das kann ich euch sagen.
Petrus, aus dir wurde ein starker Mann,
der von seinem Herrn nicht mehr schweigen kann.
Bis zu deinem Tod warst du für deinen Herrn unterwegs,
wandeltest auf seinen Wegen stets.
Lieber Petrus, gerne würde ich dich noch einmal fragen,
würdest du dein Leben noch einmal mit Jesus wagen?
Deine Antwort, ich glaube ich kenne sie schon,
du liefest deinem Meister bestimmt nicht davon.
Ja, lieber Petrus wir lernen von dir,
mutig zu sein, jetzt und hier.
Und auch wenn wir so wie du versagen,
wir dürfen es neu mit Jesus wagen.

Rahab

Rahab, ich kann dich nicht verstehen,
warum musstest du diesem verrufenen Gewerbe nachgehen?
Eine Prostituierte warst du,
dein Herz fand sicher dabei keine Ruh.
Einmal kamen Kundschafter aus dem Volk Israel bei dir vorbei,
du musstest sie schnell verstecken, sonst es zu Ende mit ihnen
sei.
Die Fremden, man hatte sie gesehen,
wie sie in dein Haus konnten gehen.
Bald darauf standen Soldaten des Königs vor deinem Haus,
damit die Fremden nicht können mehr heraus.
Abführen wollten sie die Fremden und zwar gleich,
Spione bräuchten sie nicht in ihrem Reich.
Doch Rahab sagte: "Die Fremden waren da, doch sie sind
gegangen,
wenn ihr euch beeilt, könnt ihr sie vielleicht noch fangen."
Mit dieser Lüge rettete Rahab den Fremden das Leben,
und das wurde ihr später zum Segen.
Die Soldaten jagten eilend davon,
aber Rahab musste mit den Fremden aushandeln ihren Lohn.
Denn bis zu ihr hatte es sich herum gesprochen,
dass Gott sein Volk führt und ihm die Treue hält ganz
ungebrochen.
Die Menschen hatten Angst vor Gottes Taten
und dachten, irgendwann wird es auch ihr schaden.
Rahab wusste ganz genau,
das Volk Israel bekommt das Land, ja sie war schlau.
Deshalb handelte sie mit den Männern aus einen Vertrag,
der sie und ihre Familie am Leben erhalten mag.
Dann ließ sie die Männer an einem Seil durch das Fenster über
die Mauer gleiten,
damit sie schnell unten könnten weiter schreiten.
Sie sollten sich im Gebirge verstecken drei Tage lang,
danach könnten sie zu ihrem Volk zurück, ihnen würde nicht
bang.
Die Soldaten würden unverrichteter Dinge zurückkehren,
sie bräuchten sich dann vor ihnen nicht wehren.

Die Männer kehrten zu ihrem Volk zurück
und berichteten Josua von ihrem Glück.
Rahab band ein rotes Seil ans Fenster, das weithin sichtbar war,
das würde sie und ihre Familie retten, das war ihr klar.
Ja, Gott hatte ihre Barmherzigkeit belohnt,
ihr Haus auf der Mauer, es wurde verschont.
Die ganze Stadt und alles stürzte ein,
nur das Haus auf der Mauer blieb stehen, so sollte es sein.
Rahab und ihre Familie durften nun zu Gottes Volk gehören,
da werden sie auch bestimmt nicht stören.
Gott gebraucht manchmal ganz unscheinbare Leute,
sein Reich wird gebaut und auch noch heute.
Rahab gehört auch zum Stammbaum Jesu, das viele nicht
wissen,
da werden sie wohl in der Bibel lesen müssen.
Ja, Gott im Himmel hat seinen Plan,
wenn du es willst, dann fange mit ihm an.

Rebekka

Rebekka, wie du die Frau Isaaks wurdest, möchte ich hier
erzählen.
Die Geschichte der Bibel aus 1. Mose 24 tat ich dazu wählen.
Abraham dachte, für seinen Sohn Isaak wäre es an der Zeit,
das er endlich würde gefreit.
Aus dem Land seiner Vorfahren sollte die Frau sein,
die seinen Sohn Isaak würde nicht mehr lassen allein.
Also musste sein ältester Knecht ihm versprechen,
eine Frau aus Mesopotamien zu suchen und sein Versprechen
nicht brechen.
Da der Knecht Bedenken hatte, eine zu finden,
musste Abraham die Sache schon begründen.
Was ist, wenn die Frau nicht mit kommen wollte,
ob Isaak dann in ihr Land sollte?
Abraham sagte, das darf auf keinen Fall so werden,
denn Gott versprach viele Nachkommen für dies Land auf Erden
Der Knecht sollte beruhigt gehen,
was weiter passiert, wird er schon sehen.
10 Kamele mit wertvollen Geschenken bestückt,
mit ihnen ging er auf die Reise, gespannt ob ihm sein Vorhaben
glückt.
Er kam in Mesopotamien an,
im Kopf hatte er schon seinen Plan.
Wie sollte er nur die richtige Frau erkennen,
seine Sorge darum wollte er Gott nennen.
Er betete und bat Gott um ein Zeichen,
wie er die richtige Frau konnte erreichen.
Das erste Mädchen, das zur Quelle kommt, die wollte er bitten,
ihm Wasser aus ihrem Krug zu geben,
damit er erfrischt könnte weiter leben.
Wenn sie auch noch seine Kamele tränken würde,
dann hätte er überstanden die erste Hürde.
Kaum war er fertig mit dem Beten,
da konnte er schon das erste Mädchen anreden.
Rebekka war unverheiratet und sehr schön, sie wollte gerade zum
Wasser holen gehen.
Da ging der Knecht auf sie zu und blieb vor ihr stehen.

Höflich redete er sie an,
ob sie ihm Wasser zum Trinken geben kann.
Rebekka stieg zur Quelle nieder,
mit einem vollen Krug kam sie wieder.
Er konnte sich am kühlen Wasser laben,
seine Kamele sollten auch was haben.
Es ist die Richtige, dachte er,
Isaak wird sie gefallen sehr.
Als Dank wollte er ihr wertvollen Schmuck schenken,
damit sie noch zu Hause würde an ihn denken.
Als sie fort war, da konnte er Gott nur danken,
es lief alles prima, er brauchte nicht wanken.
Kurze Zeit später kam der Bruder Rebekkas, Laban zu ihm,
er sollte doch über Nacht zu ihnen ziehn.
Freudig ging er mit, es war alles gut,
doch zu dem, was er noch sagen musste, dazu brauchte er schon
Mut.
Er erzählte ihnen, sein Herr Abraham habe ihn geschickt,
damit er sich nach einer Frau für seinen Sohn Isaak umblickt.
Rebekka würde er gerne mitnehmen,
und sie Isaak zur Frau geben.
Dann wurde es gemütlich, es wurde viel erzählt,
Gott hatte eine Frau aus Abrahams Verwandtschaft gewählt.
Der Knecht tat die Verwandtschaft reich beschenken,
sie sollten noch lange an Abraham denken.
Rebekka wurde gefragt, ob sie schon am nächsten Tag mit würde
gehen,
sie hatte sich schnell entschlossen, das konnte man sehen.
Sie ist mit dem Knecht in ein fremdes Land gegangen,
um einen fremden Mann zu empfangen.
Ich wüsste nicht, ob ich so wie Rebekka würde gehen,
in ein fremdes Land zu einem fremden Mann, den ich noch nie
gesehen.
Isaak gewann Rebekka lieb,
ihr ganzes Leben sie bei ihm blieb.
Auch in der Liebe dürfen wir Gott vertrauen,
manchmal wir seine Pläne nicht durchschauen.
Für Isaak und Rebekka hatte es Gott gut gemacht,
er kennt auch dein Leben und gibt auf dich Acht.

Ruth

Ruth ist wohl vielen bekannt,
sie kommt aus dem Moabiter Land.
Viel lernen können wir von ihr,
drum lesen wir ihre Geschichte in der Bibel hier.
Sie war die Schwiegertochter der Naomi, so steht da geschrieben,
wenn wir sie kennen, werden wir sie lieben.
Ein Vorbild ist sie für uns, auch wenn sie schwere Wege musste
gehen,
wir wollen sie ein wenig begleiten, ein Stück aus ihrem Leben
sehn.
Nur ca. 10 Jahre dauerte das Eheglück,
dann starb ihr Mann und ließ sie alleine zurück.
Doch Ruth, man kann es nicht verstehen,
wollte mit ihrer Schwiegermutter nach Bethlehem gehen.
Naomi dachte, das kann nicht sein,
sie wollte sie schicken wieder heim.
Aber Ruth, man konnte sie von ihrem Entschluss nicht trennen,
sie sagte einen Satz, ich will ihn gleich nennen:
„Wo du hingehst, da will ich auch hingehen.
Wo du bleibst, da bleibe ich auch.
Dein Volk ist mein Volk und dein Gott ist mein Gott."
Dieses Wort, das hören wir heute noch,
bei einer Hochzeit, das verstehen Sie doch.
Eine Hochzeit für Ruth, wie schön würde es sein,
wenn Einer für sie sorgen würde und sie wäre nicht allein.
Doch Ruth sah man dann beim Ähren auflesen,
auf Boas Feldern, so ist das gewesen.
Viel Getreide brachte sie mit nach Haus,
und Naomi fragte sie danach aus.
Da erfuhr sie von Boas, einem Verwandten,
den sie von früher ganz gut kannten.
Und schon machte sie in ihrem Kopf einen Plan zurecht,
das ist doch ein Mann für Ruth, der wäre nicht schlecht.
Naomi dachte sich für Ruth so Verführungskünste aus,
sie sollte sich heimlich zu ihm legen,
das würde für sie vielleicht zum Segen.
Ruth befolgte ihren Rat,

und es wurde gut, was sie da tat.
Danach gab es für Ruth ein Happy-End,
sie wurden ein Paar, gaben sich die Händ.
Ruth und Boas wurde ein Sohn geboren,
sie gehörten zum Stammbaum Jesu, ohne ihn wären wir verloren.
Ruth wollte in ihrem Leben den Gott Israels finden,
sollten wir nicht auch unser Leben an Jesus binden?

Salomo

Ich, Salomo, sollte nach dem Tod meines Vaters David König
sein,
Gott wollte es so haben, nur er allein.
Ganz jung war ich an Jahren
und auch ganz unerfahren.
Es war kein leichter Job, das kann ich euch sagen,
aber mit Gottes Hilfe wollte ich es wagen.
Zuerst ging ich mit den führenden Männern auf einen Hügel,
wo Gottes Zelt stand, auch die Engel mit ihren Flügel.
Dort wollte ich Gott meinen Dank bringen,
er sollte es auch sehen mit meinen Opferdingen.
Tausend Tiere sollten da verbrennen,
das war mein Dank, so konnte man es nennen.
Danach durfte ich mir von Gott erbitten was ich wollte,
es in Erfüllung gehen sollte.
Ich erbat mir Weisheit, um das Volk zu führen,
ja, ich wollte in der Verantwortung vor Gott regieren.
Gott schenkte mir noch Reichtum und Ansehen, ich hatte großes
Glück,
der Herr, mein Gott, hielt nichts zurück.
Mit Gottes Hilfe mir alles gelang,
so wurde mir auch gar nicht bang.
Ein Haus für Gott, einen Tempel wollte ich bauen,
alle Welt sollte darauf schauen.
Mächtig und groß sollte er werden,
so was man noch nicht gesehen auf Erden.
Auch durch meine Weisheit konnte ich Vielen raten
und sie bewahren vor großem Schaden.
Einmal hatte ich einen schweren Fall zu entscheiden,
darum mich keiner würde beneiden.
Da kamen doch glatt zwei Mütter zu mir,
sie stritten um ein Baby und jede behauptete, es gehöre ihr.
Da befahl ich, man sollte das Baby in zwei Teile teilen,
dann könnte jede mit einer Hälfte nach Hause eilen.
Nun konnte man die rechte Mutter sehn,
sie fing an für ihr Kind zu flehn.
Einmal da kam die Königin von Saba zu mir,

sie wollte sehen, wie ich regiere hier.
Von meiner Weisheit und Macht hatte sie gehört,
da machte sie sich auf die Reise, sie gar nichts stört.
Von mir wurde sie empfangen ganz groß,
denn so eine Königin lässt man so schnell nicht wieder los.
Die Königin kam mit großem Gefolge daher,
ihre Kamele waren beladen schwer.
Meine Weisheit wollte sie erleben,
darum hat sie mir einige Rätsel zum Lösen gegeben.
Da ich ihr auch auf ihre schwierigen Rätsel keine Antwort schuldig
geblieben bin,
fühlte sie sich zu mir gezogen hin.
Sie lernte auch meinen Gott kennen,
sie pries ihn sogar, so konnte man es nennen.
Die Königin gefiel mir sehr,
deshalb erfüllte ich ihre Bitten mehr und mehr.
Mit Geschenken beladen reiste sie in ihr Land zurück,
sie wird an mich denken, das ist mein Glück.
Meine Reichtümer wurden so groß, man konnte es kaum fassen,
bei keinem Herrscher der Welt wird sich so viel finden lassen.
Ja, Gott hielt sein Versprechen, das kann ich euch sagen,
ein Leben mit ihm das solltet ihr wagen.
Aber dann durch meine vielen fremden Frauen,
kamen ihre Götter ins Land, man sollte nicht hin schauen.
Durch die ausländischen Frauen, die mich faszinierten,
waren auch ihre Götter da, die mich nicht genierten.
Ja, ich ließ ihnen sogar Altäre bauen,
dabei sollte ich doch meinem Gott vertrauen.
Durch meinen Ungehorsam zog es mich zu den toten Göttern hin,
ich tat mich sogar vor ihnen niederknien.
Für all meine ausländischen Frauen ließ ich Tempel für ihre
Götter errichten,
so brauchte ich keine Eifersuchtsstreitereien zu schlichten.
Da wurde Gott zornig über mich, das spürte ich genau,
aber ich machte, was ich wollte, ich war doch so schlau.
Gott der Herr warnte mich zweimal, fremde Götter zu ehren,
aber ich schlug es in den Wind, ich wollte einfach nicht hören.
Ja Gott ist gerecht, er nahm mir die Macht,
weil ich seine Gebote nicht hielt, auch nicht darauf hatte Acht.

Was nun kam war schlimm in meinem Leben,
es hatte viel Kriege und Unrecht gegeben.
Mein Leben ging zu Ende, ich war nicht mehr froh,
weil ich Gott nicht mehr diente, darum kam es so.
Drum merkt es euch Leute und lernt es von mir,
es kommt nicht auf den guten Anfang an, sondern auch auf das
Ende im Leben hier.
Ja, wer im Leben und im Sterben auf Gott vertraut,
der hat sein Leben nicht auf Sand gebaut.

Saulus - Paulus

Saulus aus Tarsus, ein gelehrter Mann warst du,
bestimmt hattest du nicht so viel Ruh.
Lernen und Lehren, das tatest du viel,
möglichst viel wissen, das war so dein Ziel.
Gesetze und Vorschriften war dein Ding
auch das Einhalten, das machte für dich Sinn.
Als du von der Lehre Jesu erfahren,
dachtest du, seine Nachfolger haben schon ein seltsames
Gebaren.
Reden von einem Toten, als ob er am Leben sei,
warum machen sie das nur? Jesu Leben war doch vorbei.
Mit den Anhängern dieser Religion wolltest du ein Ende machen,
damit sie nicht mehr reden könnten über so verrückte Sachen.
Stefanus, einer von diesen Christen, bei seiner Hinrichtung warst
du zugegen,
als man bei der Steinigung ihm nahm das Leben.
Er sah den Himmel offen stehen,
du dachtest bloß, wie soll das gehen.
Ein Verrückter weniger, es war gut so,
in deinem Herzen warst du sicher froh.
Die ganzen Christen, du wolltest ihren Tod
egal ob sie dabei litten Not.
Du dachtest, es würde Gott gefallen,
wenn du Schluss machst mit ihnen allen.
Ja, deinen Gott, den hattest du lieb,
auch wenn dich das zu seltsamen Taten trieb.
Wieder einmal warst du mit Soldaten unterwegs,
in die Stadt Damaskus geht's.
Die Christen dort, ins Gefängnis mit ihnen,
so wolltest du deinem Gott dienen.
Doch auf dem Weg dorthin da ist etwas geschehn,
das konntest du überhaupt nicht verstehn.
Ein helles Licht war plötzlich da,
ein Jeder es auf einmal sah.
Dazu noch eine Stimme spricht,
„Saul, Saul was verfolgst du mich?"
Vor Schreck wurdest du vielleicht ganz bleich,

eine Stimme aus einem anderen Reich.
„Herr wer bist du?" So hattest du gefragt,
die Stimme hatte dir die Antwort gesagt.
„Ich bin Jesus, den du verfolgst!"
Ja Saulus, das hattest du nicht gedacht, dass dieser Jesus, den du für tot gehalten,
auch in deinem Leben wollte walten.
Mit Blindheit wurdest du geschlagen,
konntest keinen Schritt mehr alleine wagen.
Nach Damaskus solltest du gehen
und warten was dort würde geschehen.
Jesus, er schickte einen Mann Namens Ananias zu dir,
er sollte dir die Hände auflegen, damit du wieder sehen darfst hier.
Auch wurdest du erfüllt vom Heiligen Geist,
der dich deinen weiteren Weg weist.

Aus einem Christenverfolger sollte ein Zeuge Jesu werden,
das ist schon ein großes Wunder auf Erden.
Wenn so etwas auch in deinem Leben wird geschehen,
dann kannst du auch getrost Gottes Wege gehen.
Aus Saulus ist ein Paulus geworden,
er brachte die frohe Botschaft von Jesus zu vielen Orten.
Paulus ließ sich taufen, sein Leben mit Jesus begann,
er fing auch gleich zu predigen an.
Seine Zuhörer waren sicher fassungslos,
vielleicht dachten sie, was macht denn dieser Mann auf einmal bloß?
Er erzählte überall von seinem Herrn,
das tat er immer und sehr gern.
Doch den Hohepriestern und Juden war das nicht recht,
deshalb ging es Paulus nun schlecht.
Verfolgt wurde nun auch Paulus,
sie wollten machen mit seinem Leben Schluss.
Aber die Christen in Damaskus hielten zu ihm
und halfen ihm in einem Korb über die Stadtmauer zu fliehn.
Paulus reiste nun viel umher,
erzählte von Jesus, das fiel ihm nicht schwer.
Viele Menschen konnten von Jesus hören,

manche taten sich auch daran stören.
Das ist leider heute auch noch so,
deshalb werden Viele auch nicht wirklich froh.
Freude die bleibt, die haben sie nicht,
davon ja nur sein Wort in der Bibel zu uns spricht.
Paulus, er hatte das erfahren,
auch wenn er viel Leid hatte in all den Jahren.
Drei Missionsreisen hatte Paulus unternommen,
damit viele Leute zu Jesus kommen.
Er reiste viel mit dem Schiff und zu Fuß,
manche bekamen von ihm einen Gruß.
Auch Kranke hatte er durch Jesus geheilt,
an verschiedenen Orten er länger weilt.
Doch dein Wort wollte man nicht überall hören,
Manche tat es gewaltig stören.
Deshalb wurdest du mit deinem Freund Silas ins Gefängnis
gebracht,
dort wart ihr bei Tag und auch bei der Nacht.
Plötzlich ist etwas geschehen,
die Gefängnismauern in die Brüche gehen.
Die Gefangenen, sie waren alle frei,
doch sie blieben da, wie schwer es auch sei.
Der Gefängniswärter wollte sich schon umbringen,
sonst würde es ein anderer tun und das sollte ihm nicht gelingen.
Paulus sagte, „Es sind noch alle da,
egal was in dieser Nacht geschah."
Der Gefängnisaufseher, das war einfach wundervoll,
ließ sich mit seiner Familie taufen, das war schon toll.
Paulus reiste weiter durch die Welt,
erzählte von Jesus, nur das zählt.
Auch in Griechenland ist Paulus gewesen,
viele Leute dort konnten schreiben und lesen.
Auf dem Areopag viele Standbilder von Göttern standen,
unter anderem auch eines von einem Gott, den sie nicht kannten.
Von dem unbekannten Gott konnte Paulus berichten,
er erzählte den Leuten vom lebendigen Gott Geschichten.
Und dass dieser Gott alle Menschen liebt,
durch seinen Sohn ewiges Leben gibt.
Viele Menschen kamen durch Paulus zum Glauben,

den ihnen kein Mensch mehr konnte rauben.
Unentwegt tat er für seinen Heiland werben
und warum er hatte müssen sterben.
Einige wollten das was du sagtest nicht haben,
deshalb taten sie dich verklagen.
Ihren Klagen gab man recht,
dir ging es dadurch schlecht.
Als Gefangener musstest du nun leben,
doch auch so warst du ein Segen.
Zum Kaiser nach Rom wolltest du doch,
hattest Hoffnung auf Freiheit noch.
Mit dem Schiff solltest du dahin fahren,
viele Gefangene mit dabei waren.
Unterwegs hattet ihr Schiffbruch erlitten,
auf der Insel Malta tatet ihr um Hilfe bitten.
Ihr wurdet freundlich aufgenommen,
ja, sie hießen euch willkommen.
Sie zündeten ein Feuer an,
damit man die nassen Sachen trocknen kann.
Beim Holz sammeln wurdest du von einer Giftschlange gebissen,
bald würdest daran sterben müssen.
Die Insulaner warteten darauf,
doch du bliebst wohlauf.
Gott, er hatte dein Leben bewacht,
ja, er gab auf dich acht.
Eure Fahrt konnte weiter nach Rom gehen,
vor dem Kaiser würdest du stehen.
Einige Jahre konntest du in Rom bleiben,
da fingst du an ganz viel zu schreiben.
Briefe an verschiedene Gemeinden, wir können sie heute noch lesen,
sie sind für die Leute damals sicher ein Segen gewesen.
Durch Gottes Wort in deinen Briefen kannst du heute noch Herzen erreichen
und uns ermahnen nicht vom Ziel abzuweichen.
Bis zu deinem Tod lieber Paulus, hattest du viel für deinen Herrn getan,
wir können von dir lernen, vielleicht fangen wir auch damit an.

Durch dich lieber Paulus, kam die frohe Botschaft auch nach
Europa zu dir und zu mir,
dass du nicht aufgegeben hast, dafür danken wir dir.
Schade lieber Paulus, dass ich dich nichts fragen kann,
doch mein Leben mit Jesus - ich bleibe dran!

Tabita war wohl sehr bekannt,
sie nähte Kleider und Röcke für die Armen im Land.
Wenn man sie brauchte, dann war sie da,
helfend und liebevoll man sie sah.
Geschätzt wurde sie bei groß und klein,
wie hätte es auch anders sollen sein.
Einen hilfsbereiten Menschen, das kann ich euch sagen,
den schätzt man auch heute in unseren Tagen.
Dann ist Tabita sehr krank geworden,
man sah sie nicht mehr helfend an den verschiedenen Orten.
Gestorben ist sie still und leise,
die Leute klagten auf ihre Weise.
Doch dann hatten einige etwas von Petrus vernommen,
er war in der Nähe, er musste kommen.
Petrus kam schnell in Tabitas Haus
und schickte die jammernden Leute hinaus.
Was Tabita genäht hatte musste Petrus noch sehen,
ohne es ihm zu zeigen würden sie nicht hinaus gehen.
Nun war Petrus mit der Toten alleine im Zimmer,
er kniete sich nieder und betete wie immer.
Gott möge ihr das Leben wieder schenken,
damit sie weiter an die Armen könnte denken.
Dann redete er die Tote einfach an,
„Tabita stehe auf!" Ob sie das wohl kann?
Aber da ist ein großes Wunder geschehen,
Tabita stand auf, sie konnte wieder gehen.
Petrus rief die Leute wieder herein,
Tabita durfte wieder bei ihnen sein.
Diese Nachricht verbreitete sich im ganzen Ort,
Petrus bräuchte so schnell nicht mehr fort.
Viele haben Jesus als ihren Herrn angenommen,
das war wunderbar, dass alles so gekommen.
Wir sollten Jesus auch heute mehr zutrauen,
vielleicht könnten wir dann auch manche Wunder schauen.
Ein großes Wunder würde schon geschehen,
wenn du dein Leben mit Jesus würdest gehen.

Thomas

Als Zweifler der Jünger warst du bekannt,
konntest nicht alles glauben, da bist du mit mir verwandt.
Musstest dich erst überzeugen,
dann konntest du dich der Wahrheit beugen.
Warum das so bei dir war, kann dir keiner sagen,
du musstest zuerst alles hinterfragen.
Sicherheit, die brauchtest du,
sonst gabst du noch lange keine Ruh.
Wenn du mit Jesus unterwegs warst, konntest du alles sehen,
doch Glaube ohne ihn, das würde nicht gehen.
Unterwegs warst du ganz oft mit deinem Herrn,
vielleicht dachtest du manchmal, er kommt von einem anderen
Stern.
Manches was er machte war dir rätselhaft,
auch wenn du es dir überlegtest, es dir keine Klarheit schafft.
Mit dem Glauben tatest du dir ganz schön schwer,
wo solltest du ihn auch nehmen her?
Wozu brauchtest du Glauben, du hast ja gesehen,
das ist bei uns schon anders, wenn wir mit Jesus gehen.
Aber trotzdem wagen wir es, er gibt uns die Kraft
und diesen Glauben kein Anderer in uns schafft.
Als Jesus gestorben, am Kreuz er hing,
was sollte nun werden, wer etwas mit euch anfing.
In das Grab gelegt haben sie ihn,
keiner konnte mehr mit ihm ziehn.
Ach es war einfach alles aus,
viele gingen traurig nach Haus.
Tot war euer Jesus, was sollte das nur,
wart ihr alle auf einer falschen Spur?
Seid vielleicht einem Betrüger hinterhergelaufen,
es war einfach zum Haare ausraufen.
Wenn du bloß wüsstest was das alles soll,
euer Leben mit Jesus, es war doch wundervoll.
Eigentlich solltest du auch zum Grabe gehen,
es ist doch alles aus, was kann da noch geschehen.
Ach die Frauen, sie wollen sich nur wichtig machen,
darum erzählen sie ganz sonderbare Sachen.

Jesus, er würde leben, er sei nicht mehr tot,
fast hätte er ihnen für den Schwachsinn gedroht.
Auch die anderen Jünger ließen nicht locker,
dieses dumme Geschwätz haut einen doch glatt vom Hocker.
Glauben könnte er so etwas nicht,
da müsste er schon Jesus sehen von Angesicht.
In seine Nägelmale wollte er seine Hände legen,
dann würde er sich auch für Jesus regen.
Einmal war er mit den Anderen hinter verschlossenen Türen,
da kam Jesus, vor Spannung konnte er sich fast nicht rühren.
Und was er dann zu ihm sagte, hatte er richtig gehört?
Er sollte seine Hände in Jesu Nägelmale legen, ihn das gar nicht
stört.
Dann sagte er noch: "Selig sind die, die nicht sehen und trotzdem
glauben."

Thomas, er konnte nun glauben, weil er gesehen,
wir dürfen auch glauben, auch wenn wir Jesus nicht sehen.
Manchmal ist das nicht so leicht das kann ich euch sagen,
aber wir können es trotzdem mit Jesus wagen.
Er hat gesagt, er ist bei uns bis an der Welt Ende,
deshalb können wir unser Leben legen getrost in seine Hände.

Elisabeth und Zacharias waren schon lange ein Paar,
sie lebten wie es Gott gefallen hatte, das ist wahr.
Gerne hätten sie in ihrem Haus auch Kinder gesehn,
doch es sollte nicht geschehn.
Zacharias war ein Priester, das konnten viele sehen,
denn er durfte in den Tempel gehen.
Ausgelost wurde dieses Mal er,
im Tempel Weihrauch anzünden fiel ihm nicht schwer.
Als er im Tempel stand ganz allein,
da kam ein Engel zu ihm herein.
Zacharias ganz erschrocken war,
vor einem Engel, das ist klar.
Der Engel sprach: "Fürchte dich nicht,
hör, was Gott zu dir spricht.
Einen Sohn will Gott euch schenken,
ihr werdet dankbar an ihn denken."
Zacharias sagte, „das kann nicht gehen,
wir sind zu alt wie soll das geschehen?"
Zacharias konnte es nicht glauben,
da tat Gott ihm zur Strafe die Stimme rauben.
Draußen vor dem Tempel warteten die Menschen auf den Segen,
aber Zacharias konnte ihn nicht geben.
Reden konnte er nun nicht mehr,
ohne Stimme ist das schwer.
Seinen Dienst im Tempel konnte er noch versehen,
dann wollte er nach Hause gehen.
Wenig später sah man es Elisabeth an,
dass sie noch ein Kind bekommen kann.
Als ihr Sohn geboren war,
musste man ihm einen Namen geben, das ist doch klar.
Nachbarn und Freunde bei euch einen Besuch machten,
euer Kind wird wie der Vater heißen, sie so dachten.
Doch Elisabeth sagte „nein,
das wird auf keinen Fall so sein."
Zacharias hat des Sohnes Namen „Johannes" auf eine Tafel
geschrieben,
so sollte er heißen, so ist es geblieben.

Gleich darauf kam auch Zacharias Stimme wieder,
er lobte Gott, vielleicht sang er sogar Lieder.
Die Freude über ihr Kind erfüllte fortan ihr Leben,
sie konnten Gott nur ihren Dank dafür geben.
Aus ihrem Sohn ist Johannes der Täufer geworden,
man konnte ihn hören an bestimmten Orten.

Zachäus

Ein Oberzöllner war Zachäus, jeder konnte ihn sehen,
denn man musste an ihm vorbei, wenn man in die Stadt Jericho
wollte gehen.
Er saß am Zoll tagein und tagaus,
das Leben eines Zöllners, manchmal war es schon ein Graus.
Die Menschen konnten ihn nicht leiden,
am liebsten würden sie ihn meiden.
Ein Freund wollte keiner von ihm sein,
deshalb blieb er auch meistens allein.
Den Leuten nahm er mehr Geld ab als er sollte,
den Rest er für sich haben wollte.
Auf Kosten der Menschen wurde er reich,
er konnte sich was leisten, kein anderer war ihm gleich.
Kein Wunder, dass er verhasst war im Land,
er hatte wirklich keinen guten Stand.
Doch einmal kam Jesus in die Stadt, von ihm hatte er schon viel
gehört.
Ob dieser Jesus sich auch an ihm stört?
Er wollte ihn sehen, wenigstens einmal,
doch es waren viele Menschen um ihn, so groß war ihre Zahl.
Wie sollte er es machen? Er war etwas klein,
doch er musste Jesus sehen, irgendwie wird es doch möglich
sein.
Ein Maulbeerbaum, wie für ihn gemacht,
er kletterte hinauf, setzte sich ganz sacht.
Hinter Blättern gut versteckt,
hoffte er, dass man ihn nicht entdeckt.
Von oben konnte er alles sehen,
was unter ihm würde geschehen.
Doch Jesus und alle Leute blieben plötzlich stehen,
Jesus hatte Zachäus im Baum gesehen.
„Zachäus, steig eilend herab zu mir,
denn ich will in deinem Hause einkehren bei dir!"
Zachäus, er kam ganz schnell herab
und setzt seine kurzen Beine in Trapp.
Zu Hause gab er Anweisungen, das war doch klar,
es musste alles gerichtet werden bis Jesus da war.

Alle Angestellten hatten viel zu tun,
keiner konnte mehr ausruhn.
Als alles fertig war, da war Jesus auch schon da
und alle haben gesehen was dann geschah.
Die Leute empörten sich, wie konnte man sich nur mit einem Zöllner messen,
und auch in seinem Hause mit ihm essen.
Neben Jesus fühlte sich Zachäus ganz schön schlecht
und das ganz bestimmt zu recht.
„Herr, die Hälfte meines Vermögens gebe ich für die Armen her" -
weil er es freiwillig machte, fällt es ihm nicht mal schwer.
„Von wem ich zu viel Zoll abgenommen,
denen gebe ich es vierfältig zurück, wenn sie zu mir kommen."
Da sagte Jesus zu ihm:
„Heute ist ein großer Tag für dich und deine Familie,
Gott hat euch als Kinder angenommen."

Das gilt auch für uns, jeder darf zu Jesus kommen -
er wird von ihm mit Freude aufgenommen.
Zachäus, sein Herz war jetzt voller Glück,
er möchte bestimmt nicht mehr in sein altes Leben zurück.
Das Glück des Zachäus kann auch jeder von uns erhalten,
wenn wir Jesus in unserem Leben lassen walten.